Harry E. Meville

Klassische Bootsmotoren

Ein Handbuch für Motorboot-Besitzer und -Führer

Harry E. Meville

Klassische Bootsmotoren

Ein Handbuch für Motorboot-Besitzer und -Führer

ISBN/EAN: 9783954270354
Erscheinungsjahr: 2012
Erscheinungsort: Bremen, Deutschland

© maritimepress in Europäischer Hochschulverlag GmbH & Co. KG, Fahrenheitstr. 1, 28359 Bremen. Alle Rechte beim Verlag und bei den jeweiligen Lizenzgebern.

www.maritimepress.de | office@maritimepress.de

Bei diesem Titel handelt es sich um den Nachdruck eines historischen, lange vergriffenen Buches. Da elektronische Druckvorlagen für diese Titel nicht existieren, musste auf alte Vorlagen zurückgegriffen werden. Hieraus zwangsläufig resultierende Qualitätsverluste bitten wir zu entschuldigen.

Harry E. Meville

Klassische Bootsmotoren

Ein Handbuch für Motorboot-Besitzer und -Führer

Meville, Harry E.

Klassische Bootsmotoren
Ein Handbuch für Motorboot-Besitzer und
-Führer

*ursprünglich erschienen unter dem Titel „Moderne
Kleinschiff- und Bootsmotoren"*

Mit 34 Abbildungen im Text

BERLIN 1926

Inhaltsverzeichnis.

Seite

Vorwort 5

Einleitung: Allgemeines — Die technischen und physikalischen Grundlagen des modernen Motors — Viertaktmotoren — Zweitaktmotoren — Brennstoffe 7

Kap. I: Die Arbeitsbedingungen an Bord 18

„ II: Der Motor im Boot 25

„ III: Der Propeller 29

„ IV: Wendegetriebe und Umsteuerschraube 32

„ V: Die Pflege des Motors 41

„ VI: Betriebsstörungen 46

„ VII: Außenbord-Motoren 50

„ VIII: Moderne Motoren-Typen 54

Schlußwort 104

Sach-Register 113

Vorwort.

Das vorliegende Werk soll im wesentlichen zwei Aufgaben erfüllen: Es soll d e m L a i e n — und die große Mehrzahl gerade der Bootsmotoren gelangt in die Hände von Laien — ein nicht wissenschaftlich-technisches, aber klares und verständliches Bild von den Grundlagen geben, auf denen die Konstruktion solcher Maschinen sich aufbaut. Es soll weiter dem interessierten Laien, mit aber auch dem Techniker, einen Ueberblick über den gegenwärtigen Stand der Industrie auf diesem Sondergebiet geben. Dabei ist im ersten Teil des Buches bewußt vor allen Dingen an diejenigen gedacht worden, die selbst mit ihrem Motor fertig werden wollen und sollen, und das ist gerade heute ein sehr großer Teil auch der Freunde des Motor-Sports auf dem Wasser.

Die zweite Aufgabe war und ist natürlich nur unter Beihilfe und in enger Zusammenarbeit mit den wichtigsten Industriefirmen auf diesem Gebiete zu lösen. Es ist mir eine angenehme Pflicht, den bereitwilligen Helfern aus diesem Kreise hier für die gewährte Unterstützung zu danken.

B e r l i n im April 1926.

D e r V e r f a s s e r.

Einleitung.

Die Bedeutung des Motors für die Verwendung an Bord hat in den letzten Jahren besonders insofern ein ganz anderes Gesicht bekommen, als der sogenannte Schweröl-Motor, dessen Verwendung — von stationären Anlagen natürlich abgesehen — bisher auf das Großschiff beschränkt schien, heut schon auch für kleine Fahrzeuge eine maßgebende Rolle spielt, und wohl alle Aussicht hat, wenn man von den reinen Rennbooten im Sport absieht, in naher Zukunft den Verwendungsbereich des Benzinmotors auf einen sehr engen Kreis zu beschränken.

Das ist leicht erklärlich, denn man darf bei aller Anerkennung heut noch etwa vorhandener Vorzüge des Leichtölmotors doch nicht übersehen, daß gerade für den Dienst an Bord der Brennstoffpreis der wesentlichste Faktor mit ist. Es müssen schon, wie eben bei gewissen Kategorien von Sportbooten, ganz besondere Verhältnisse mitsprechen, um diese Erwägung außer acht lassen zu können. Verhältnisse allerdings, deren Vorhandensein vielfach nicht zu leugnen ist. — Es dürfte also gerade jetzt angebracht sein, wenn hier der Versuch gemacht werden soll, dem Interessenten eine Uebersicht des gegenwärtigen Standes der Technik auf diesem Gebiet in die Hand zu geben und gleichzeitig — ohne allzuweit auf rein wissenschaftlich-technische Fragen einzugehen —, den Laien in das eigentliche Wesen dieser modernsten Maschine einzuführen.

Es ist eine bedauerliche, aber nicht zu bestreitende Tatsache, daß es kaum eine Maschine gibt, die so schlecht behandelt würde wie die meisten Bootsmotoren. In der Erwerbsschiffahrt — von den großen Motorschiffen, die ihr Maschinenpersonal haben, und von Dampfern natürlich abgesehen — ist der Motor fast immer eine Nebensache, von der man in erster Linie verlangt, daß sie keine besonderen Umstände erfordert und selbst im Sport auf diesem Gebiet steht es, im Gegensatz zu Auto- und Motorradsport, vielfach nicht erheblich besser. — Soweit immer aber gute und solide Motoren diesen Wünschen ihrer Besitzer und Führer nach möglichst geringer Inanspruchnahme entgegenkommen mögen, ein gewisses Maß von Pflege verlangt j e d e

Maschine, — auch der Motor. Schon um dies aber geben zu können, ist es wünschenswert, sich in erster Linie über die **technischen und physikalischen Grundlagen** klar zu sein, auf denen der moderne Verbrennungsmotor sich aufbaut.

* * *

Gleich der Dampfmaschine, deren rund hundertjährige Alleinherrschaft auf diesem Gebiet er bereits beträchtlich eingeengt hat, gehört der Motor zu der großen Gruppe, die man physikalisch als „**Wärmekraftmaschinen**" bezeichnet. Der wesentliche und ausschlaggebende Unterschied zwischen ihm und der Dampf- (bzw. auch der Heißluft-) Maschine besteht darin, daß bei diesen der Brennstoff nur zur Erwärmung, bzw. Verdampfung eines anderen Stoffes (Luft, Naphtha, Wasser) dient, während beim Motor die Verbrennung (daher der Name) in den Arbeitszylinder selbst verlegt ist und unmittelbar zur Arbeitsleistung herangezogen wird.

Eine Einteilung der Motoren selbst ist nach verschiedenen Gesichtspunkten möglich.

I. Nach den zur Verwendung gelangenden Brennstoffen in:

1. **Reine Gas-Motoren.** Es sind dies Motoren, bei denen

a) ein, auch für andere Zwecke gebrauchtes (Leuchtgas),

b) ein, bei einem bestimmten Arbeitsvorgang als Nebenprodukt entfallendes (Gichtgas), oder schließlich

c) ein, für den Motor selbst besonders erzeugtes (Sauggas) Gas im Zylinder verdichtet und zu schneller Verbrennung (Explosion) gebracht wird.

2. **Leichtöl-Motoren.** Streng genommen gehören auch die Leichtölmotoren zu den Gas-Motoren, denn der an sich freilich flüssige Brennstoff, der hier zur Verwendung gelangt (Benzin, Benzol, Petroleum, Spiritus usw.) wird durch besondere Einrichtungen zur Verdunstung (Vergasung) gebracht und erst in dieser Form, gemischt mit atmosphärischer Luft in den Zylinder eingesaugt, wo er, ebenso wie bei den reinen Gasmotoren, komprimiert und durch eine Zündvorrichtung (elektr. Funken) zur Entflammung gebracht wird. Zu bemerken wäre hierzu, daß man neuerdings bestrebt ist, auch schwerere Oele in diesen, auch als Vergaser-Motoren zu bezeichnenden Maschinen zu verwenden, worauf an anderer Stelle das Erforderliche zu sagen sein wird.

Einleitung

3. **Schweröl-Motoren.** Es sind dies Maschinen, bei denen der flüssig bleibende Brennstoff (daher Fortfall des Vergasers) **unmittelbar** in den Zylinder **eingespritzt** wird, wo er entweder in außerordentlich hoch verdichteter und demzufolge glühend heißer Luft von selbst verbrennt, oder sich an einem „Glühkopf" (Glühhaubenmotor) entzündet.

II. Nach ihrer Arbeitsweise in:
1. **Zweitakt-Motoren.**
2. **Viertakt-Motoren.**

Unter der Bezeichnung „Takt" versteht man die Bewegung des Arbeitskolbens im Zylinder von seiner obersten bis zu seiner untersten Stellung, bzw. umgekehrt, so daß also **2 Takte einer vollständigen Umdrehung des Schwungrades, resp. der Welle** entsprechen. Bei den Zweitaktmotoren erfolgt nun jedesmal, wenn der Kolben seinen höchsten Punkt erreicht hat, auch eine Entzündung des Gasgemisches, während bei den Viertaktern dies nur jedes zweite Mal eintritt, das, als Kraft-Aufspeicherer dienende Schwungrad also **zwei volle Umdrehungen ausführen muß, bis der Welle aus demselben Zylinder neue Arbeit zugeführt wird.** Hieraus erhellt, warum man nicht die gleiche Leistung aus einem Zylinder eines Oelmotors erhält, wie aus dem gleichgroßen eines Dampfmotors, welcher mit hochgespanntem Dampf arbeitet. In dem Dampfmotor hat man vier Impulse pro Zylinder, in dem Oelmotor nur einen während zweier Umdrehungen. Dieser Nachteil des Oelmotors ist jedoch nur ein scheinbarer, da er durch die vielen Vorzüge dieser Maschine vollständig ausgeglichen wird. — Im übrigen werden bei mehrzylindrigen Maschinen die Arbeitstakte selbstverständlich so verteilt, daß beim Vierzylinder ein ununterbrochener Impuls auf die Welle stattfindet.

Eine besondere, an sich natürlich mögliche, weitere Einteilung der Motoren **nach der Zylinderzahl** erübrigt sich, es werden 1-, 2- (selten 3-), 4-, 6- und mehrzylindrige Motoren gebaut.

Die Arbeitsweise der Zwei- und Viertaktmotoren ist in Abb. 1 bis 3 schematisch dargestellt und es erscheint nicht erforderlich, hierauf noch näher einzugehen. Wohl aber dürfte die Frage „**Zwei- oder Viertakt?**" einer kurzen Erörterung vom rein praktischen Standpunkt aus bedürfen.

Der Zweitakt-Motor ist — was außerhalb des Kreises der Techniker übrigens wenig bekannt ist — eine rein deutsche Erfindung, ist aber gerade bei uns leicht und schnell durch den Viertakter verdrängt worden und lange Jahre so gut wie gar nicht weiter entwickelt und verbessert worden. Man kann sogar wohl ruhig sagen, daß sich gerade in reinen Fachkreisen bei uns auch heute noch ganz unverkennbar eine starke Abneigung gegen den Zweitakter geltend macht.

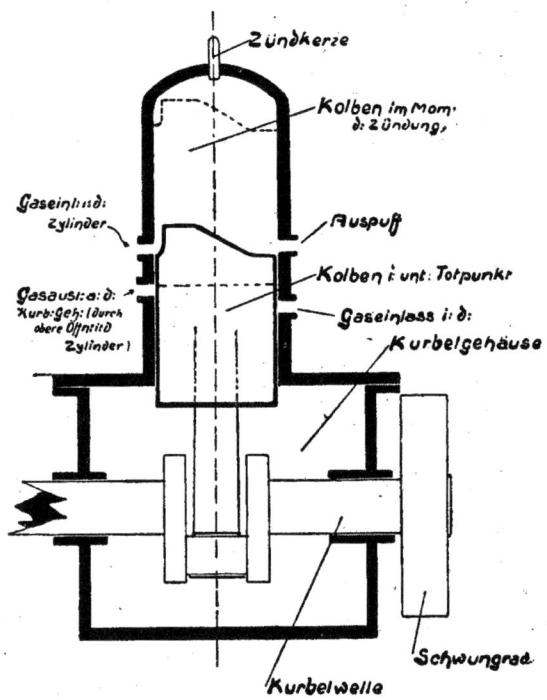

Abb. 1. Schema der Arbeitsweise eines Zweitakt-Motors.

Der bekannte Motorboot-Konstrukteur M. H. B a u e r äußert sich über diese Frage folgendermaßen:

„a) Bei gleicher Größe des Zylinderdurchmessers seines Hubes (d. h. Länge eines einfachen ganzen Kolbenweges, hinauf oder hinunter) und der minutlichen Umlaufszahl würde der Zweitaktmotor mehr Arbeit als der Viertaktmotor, und zwar das Doppelte entwickeln, wenn das Gasgemisch in beiden Motoren gleich gut ausgenützt werden könnte. Die Gasausnützung ist jedoch im Zweitaktmotor eine schlechtere, und man kann trotz des geringeren Arbeitsverlustes im Motor, also trotz des besseren mechanischen Wirkungsgrades, nicht mit einer zweifachen, sondern nur mit einer 1,75- bis 1,85fachen, bei großen Motoren mit noch geringerer Arbeitsleistung

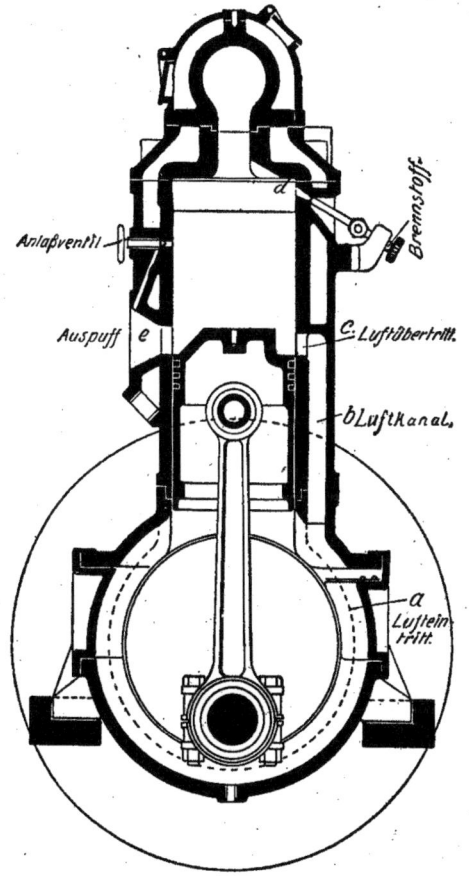

Abb. 2. Schnitt durch einen Zweitakt-Glühkopf-Motor.

gegenüber dem gleichgroßen Viertaktmotor mit derselben Umlaufszahl rechnen. Wenn man bedenkt, daß die beim Zweitaktmotor doppelt so große Zahl von Arbeitstakten auch das doppelte Quantum an Gasgemisch verzehren, dafür aber höchstens die 1,85fache Arbeit des Viertaktmotors mit dem einfachen Quantum an Gasgemisch leisten, so ergibt sich daraus für den Zweitaktmotor eine Arbeitsleistung pro Kilogramm Betriebsmaterial, welche höchstens 0,92 mal so groß ist als beim Viertaktmotor. Um wenigstens 8 %, arbeitet der Viertaktmotor also besser! Der Fehler des gewöhnlichen Zweitaktmotors liegt in der schlechteren Kontrolle des Gasgemisches im Zylinder. Der thermische Wirkungsgrad ist schlechter als beim Viertakt. Die doppelt so große Zahl von Arbeitshüben bringt jedoch etwas Gewichts- und Raumersparnis.

b) Die Umlaufszahlen können beim Viertakt in erheblich weiter auseinander liegenden Grenzen variiert werden als bei dem Zweitakt, was wieder seinen Grund in der besseren Beherrschung der Gasmenge im Viertaktmotor hat.

c) Ein gleichförmigeres Drehmoment und eine bessere Ausbalancierung kann bei derselben Zylinderzahl erreicht werden, wenn ein langsam laufender Motor im Zweitakt arbeitet, daher braucht dieser Motor ein kleineres Schwungrad als ein entsprechender Viertaktmotor.

d) Für hohe Umlaufszahlen eignet sich der Viertaktmotor wegen seiner präzise arbeitenden Steuerung erheblich besser als der Zweitaktmotor. Der Viertaktmotor leistet bei hohen Kolbengeschwindigkeiten (im Verhältnis) erheblich mehr als der Zweitaktmotor. Außerdem bereitet die Kühlung der Zweitaktmotoren bei hohen Umlaufszahlen große Schwierigkeiten, da infolge der doppelt so großen Zahl der Explosionen erheblich mehr überschüssige Wärme abzuleiten ist.

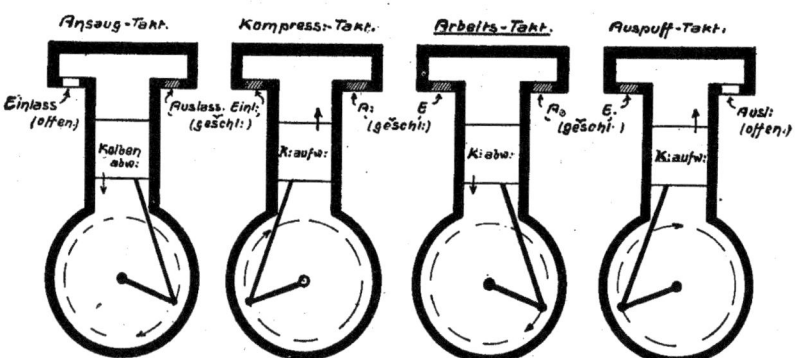

Abb. 3. Schema der Arbeitsweise eines Viertakt-Motors.

Alles zusammengenommen, erscheint der Viertaktmotor wohl als die geeignetere Maschine, besonders wenn es sich darum handelt, hohe Umlaufszahlen zu haben, und auf Haltbarkeit, Wirtschaftlichkeit, Elastizität in der Arbeit und gleichmäßige Tätigkeit Wert gelegt wird."

Etwas anders wird diese Frage in den Auswertungen der Erfahrungen beurteilt, die der Deutsche Seefischerei-Verein auf diesem Gebiet gesammelt hat, wobei es sich um scharfe Erprobungen der Maschinen unter gewiß nicht leichten Bedingungen handelte. Es heißt dort u. a.:

„Vorzüge und Nachteile des Viertaktes und des Zweitaktes.

1. Der Viertakt muß mit Ventilen versehen sein. Der Zweitakt kann ohne Ventile, allein mit Ein- und Ausströmungsschlitzen im Zylinder, die vom Kolben gesteuert werden, arbeiten.

2. Der Viertaktmotor ist somit komplizierter im Bau, und arbeitet geräuschvoller als der ventillose Zweitaktmotor.

3. Der Viertaktmotor ist bei gegebener Kraftleistung größer und um etwa ein Viertel schwerer als der Zweitaktmotor.

4. Der Zweitaktmotor springt beim Andrehen leichter an und hat einen gleichmäßigeren Gang als der Viertaktmotor.

5. Beim Viertakt-Glühhaubenmotor neigt die Haube wegen der langsameren Folge der Zündungen bei Leerlauf eher zum Erkalten, bei Höchstlast aber auch weniger zur Ueberhitzung als beim entsprechenden Zweitaktmotor.

6. Der Zweitaktmotor bedarf einer Spülluftpumpe, der Viertaktmotor nicht. Die Verwendung des Kurbelgehäuses als Pumpenraum und des Arbeitstriebwerks gleichzeitig als Pumpentriebwerk gibt die einfachste Form der Spülluftpumpe, die bei Zweitakt-Kleinmotoren in der Regel verwendet wird."

Im übrigen ist ganz allgemein hierzu zu sagen, daß allzu sehr auf Einzelheiten gestützte Werturteile über Erzeugnisse der Technik immer bedenklich erscheinen, da ihre Voraussetzungen mit der Entwicklung selbst fortfallen. So sind die von Bauer unter a) aufgeführten Mängel bei neueren Konstruktionen wohl nahezu vollständig behoben. Man hat hier eine ganze Reihe von Einrichtungen geschaffen, die eine bessere Ausnutzung des Brennstoffes auch beim Zweitaktmotor gewährleisten, und es dürfte von den hier errechneten 8 % Minderleistung also nicht mehr allzuviel übrig bleiben.

Das unter „c" Gesagte geht zugunsten der Zweitakters und die unter „d" für den Viertakt ins Feld geführten höheren Umlaufziffern sind für die überwiegende Mehrzahl der Boote alles eher als erwünscht. Besonders für schwerere Gebrauchsboote (also Fahrzeuge der Erwerbsschiffahrt, Kreuzer im Sport, usw.) ist der solideste, "langsam laufende" Schwerölmotor noch immer ein Schnelläufer, und was schließlich die Frage der Haltbarkeit angeht, so ist es nicht leicht, den vorstehenden Ausführungen ganz zu folgen, wenn man an die außerordentlich weitgehende, konstruktive Einfachheit gerade des Zweitakters denkt. Alle besonders empfindlichen Teile (Ventile usw.) um so empfindlicher, je kleiner die Maschine — fehlen vollständig, und diese einfache, unkomplizierte Bauart gibt der Maschine eine hohe Betriebssicherheit auch unter schwierigen Verhältnissen. Im übrigen wird gerade in dieser Beziehung die schon angedeutete stärkere künftige Verwendung schwerer Oele als Betriebsstoff derartigen Fragen ein anderes Gesicht geben.

In jedem Fall ist nicht zu bestreiten — und diese Tatsache sollte auch denen zu denken geben, die noch immer absolute Gegner des Zweitakters sind —, daß eine ganze Anzahl führender Motorenfirmen für Maschinen, wie sie für unsere Betrachtungen hier in Frage kommen, das Zweitakt-System verwenden. Dabei ist die technische Entwicklung dieser Maschine offenbar auch heut noch keineswegs endgültig abgeschlossen, wenn auch vielleicht — wenn den Bestrebungen der Technik Erfolg beschieden ist — in nicht zu ferner Zeit diese ganze Streitfrage dadurch erledigt wird, daß die Vollendung der Gas-Turbine sie grundsätzlich überflüssig macht.

* * *

An Brennstoffen kommen wesentlich in Betracht:

I. Für Leichtöl-Motoren:

1. **Benzin** (Heizwert ca. 11 000 Kalorien*), wird durch Destillation aus **Erdöl** (Rohpetroleum) gewonnen, besitzt eine ungefähre Dichtigkeit von 0,68 und kann bei jeder, über dem Gefrierpunkt liegende Temperatur ein entzündliches Gas bilden.

2. **Petroleum** (in Amerika Kerosin, in England Paraffin genannt) mit einem ungefähren Heizwert von 10 000 Kalorien und erst bei Temperaturen von ca. 22° über Null verdunstend.

3. **Benzol** (Heizwert ca. 10 000 K.), ein Nebenprodukt der Kokerei, also ein **inländischer** Betriebsstoff, der übri-

---

*) Wenn man 1 kg eines beliebigen Brennstoffes verbrennt, so entsteht eine Wärmemenge, die je nach der Art des betr. Stoffes (Benzin, Petroleum, Spiritus usw.) verschieden groß ist, und die nach "Kalorien" oder "Wärmeeinheiten" gemessen wird. Die Zahl der ermittelten Kalorien nennt man den Heizwert des betr. Stoffes.

gens, besonders durch die Fortschritte in der Konstruktion von Vergasern heut sehr viel mehr Verwendung findet als früher, wo man bei seiner Benutzung häufig mit Störungen zu kämpfen hatte. Vielfach gelangt Benzol auch gemischt mit Spiritus (25 Teile Benzol, 75 Teile Spiritus) und anderen Stoffen zur Verwendung.

4. **Spiritus** selbst hat sich im Motorenbetriebe nur als recht bedingt brauchbar erwiesen (Heizwert ca. 5900).

Kurz erwähnt seien noch **Autonapht** und **Ergin** (ein Destillat aus Stein- und Braunkohlenteeröl).

Diesen Leichtölen stehen die schon kurz erwähnten **Schweröle** (Teeröl, Gasöl, ungereinigtes Erdöl usw.) gegenüber, die bis zum Aufkommen des Dieselmotors zum großen Teil mehr als wertlos waren. Es ist vielleicht der beste Beweis für die Bedeutung des Motors, daß diese Stoffe heute schon fast den früheren Benzinpreis erreicht haben und noch immer steigende Tendenz zeigen.

Hervorgerufen ist diese, wirtschaftlich nicht eben erfreuliche Erscheinung natürlich vor allen Dingen durch die Eroberung auch der **Groß**-Schiffahrt durch den Dieselmotor. Es ist diese Maschine, wenigstens dem Namen nach, auch dem großen Publikum vor allen Dingen durch ihre Leistungen während des Krieges als die Maschine unserer U-Boote bekannt geworden. Schon damals aber sah der Techniker in ihr wesentlich mehr: eine Maschine, die berufen schien, zum mindesten bis zu einer gewissen, ziffernmäßig naturgemäß schwer zu bestimmenden Größengrenze die Dampfmaschine völlig aus der Schiffahrt zu verdrängen, und die rein technischen Vorbedingungen hierfür waren und sind durchaus gegeben. Auf langen Reisen, unter durchaus den gleichen Bedingungen, wie sie für den Dampfer gelten, hat der Motor sich als absolut betriebssichere, zuverlässige Maschine erwiesen und seine wirtschaftlichen Vorzüge waren und sind unbestreitbar.

Werden — was im großen und ganzen zutrifft — die Abmessungen beider Maschinen als gleich angenommen, so ergibt sich zugunsten des Motors vor allem der volle Wegfall der Kesselräume, bei gleicher Größe der Schiffe also ein größerer Laderaum des Motorschiffs. Es entfällt weiter das gesamte, für die Bedienung der Kessel erforderliche Personal, und schließlich ist der Brennstoff-Verbrauch des Motorschiffs ein wesentlich geringerer als der des Dampfers. Für die Wellen-Pferdestärke und die Fahrstunde stellt sich der Kohlenbedarf bei den besten und modernsten Maschinen (bei älteren und bei nicht sehr guter Kohle, ungeübten Heizern usw. steigt er erheblich) auf 0,56 kg, Oelfeuerung ergibt 0,41 kg, der Motor ca. 0,20 kg. Für eine Reise von 4000 Seemeilen wird also ein mit 5000 PS leistenden Maschinen ausgestattetes Schiff (eine Stundengeschwindigkeit von 10 Seemeilen vorausgesetzt) als Dampfer mit Kohlenheizung 1120 t Kohle, mit Oelfeuerung 820 t Oel, als Motorschiff 400 t Oel mitzuführen haben. Wozu nochmals zu betonten ist, daß hierbei der Kohlenverbrauch so gering eingestellt ist, wie er praktisch nur mit den modernsten Maschinen, hochwertiger Kohle und gut eingearbeitetem Personal zu erzielen ist. In der Tat ist denn auch der Motorschiffbau in ständigem Wachsen und übertrifft an Tonnenzahl vielfach bereits erheblich den Dampfer-Neubau, was für uns insofern von besonderer Bedeutung ist, als auf diesem Gebiet Deutschland sogar nach englischem Zeugnis eine führende Stelle einnimmt. Auf der anderen Seite aber sind noch in weiten Kreisen der Schiffahrt Widerstände gegen das Motorschiff festzustellen, die das Tempo seiner Einführung erheblich verlangsamen und — die nicht ohne Berechtigung sind.

Das glänzende technische Bild, das oben entworfen wurde, wird leider wesentlich abgeschwächt, wenn man es von der rein wirtschaftlichen Seite betrachtet und für die erwähnten Verbrauchsziffern die Preise einsetzt. Danach stellen sich bei einem durchschnittlichen Preise von 20 Mark für die Tonne Bunkerkohle in obigem Beispiel die Reisekosten für den Dampfer mit Kohlenfeuerung auf rund 22 400 M., mit Oelfeuerung auf rund 65 000 M. und für das Motorschiff auf rund 32 000 M. Wie schon besagt, bedeutet dies an sich bereits eine wesentliche Veränderung des Bildes, und in der Tat beschränkt sich die Anwendung der Oelfeuerung bei Dampfmaschinen in der Handelsflotte auf die modernsten Passagierschiffe höchsten Ranges, wo für ihre Annehmlichkeiten wenigstens größtenteils bezahlt werden kann. Für das Motorschiff bleibt an sich zweifelsohne noch immer ein wirtschaftliches Plus, aber man wird, wenn man sich die Entwicklung der Dinge bis heute vor Augen hält, denen nicht Unrecht geben können, die in dieser Hinsicht skeptisch in die Zukunft sehen. Kann dabei gerade die Ueberseeschiffahrt noch wenigstens da mit der Möglichkeit einer Verbilligung rechnen, wo es sich um regelmäßige Linien nach dem Rohöl produzierenden Ausland handelt, indem man die Schiffe dort bunkern läßt und auf diese Weise Transportkosten und Händlergewinn ausschaltet, so bleiben in jedem Fall die im Inland arbeitenden Maschinen — es sei nur daran erinnert, daß gerade jetzt wieder die Diesel-Lokomotive als die Maschine der Zukunft propagiert wird — völlig einer händlerisch beeinflußten Entwicklung ausgeliefert, die eine geniale Erfindung, an deren Vervollkommnung die beteiligte Industrie jahrelange Arbeit und erhebliche Kosten gewendet hat, wirtschaftlich wertlos zu machen droht!

In ganz besonders hohem Maße hat übrigens der Weltkrieg für die Ausbreitung des Motorschiffes auf See gesorgt, und zwar nicht einmal so sehr durch die Verluste des Unterseeboot-Krieges, wie durch die törichten und kurzsichtigen Bestimmungen des Friedensdiktats.

Es sind auf diese Weise unzählige Schiffe, die sonst noch heut Dienst tun würden, gewaltsam aus dem Verkehr gezogen worden, und der notwendige Ersatz trägt zum großen Teil den Motor anstelle der Dampfmaschine.

KAPITEL I.
Die Arbeitsbedingungen des Motors an Bord.

Daß der Motor an Bord nach vieler Richtung hin unter wesentlich günstigeren Bedingungen arbeitet als im Wagen, liegt auf der Hand. Die staubfreie Luft, der Fortfall der ständigen Erschütterungen als Folge der Unebenheit auch der besten Straße und die Möglichkeit stets gleichmäßiger Arbeit sind Vorzüge, die sonst nur noch stationäre Maschinenanlagen genießen, und die um so stärker zur Wirkung kommen, als es auch — von bestimmten Ausnahmen im Sport abgesehen — nicht erforderlich ist, auf Leichtigkeit der Maschine den gleichen Wert zu legen wie beim Wagenmotor.

An Nachteilen des Bordbetriebes sind eigentlich nur zwei zu erwähnen: das, besonders bei kleineren Fahrzeugen stark fühlbar werdende Bestreben, dem Motor **so wenig Platz als irgend möglich** zu opfern, was sich sehr häufig dahin auswirkt, daß die wünschenswerte Kontrolle und Pflege stark erschwert und demzufolge leicht vernachlässigt wird, und die Tatsache, daß der Bootsmotor im Betrieb dauernd auf seine höchste mögliche Leistung beansprucht wird. —

Besonders der Motorboot-**Sport** hat stark darunter zu leiden gehabt, daß ziemlich lange hier der Grundsatz galt: Motor ist Motor. **In der Tat eignen sich Wagen- und Flugzeugmotoren nicht**, oder doch nur, soweit ganz bestimmte Ausnahmen (Rennboote, Rennkreuzer, usw.) in Frage kommen, für die Verwendung im Boot, trotzdem es auch heute noch Leute gibt, die dies einfach ignorieren zu können glauben.

Es erscheint dies um so merkwürdiger, als die ganze Rennbootfrage selbst für den Sport — ganz sicher aber für die Entwicklung des **Boots-Motors** — eine sehr bescheidene Rolle spielt. Es ist schlechthin eine Binsenwahrheit, daß in Motorrennbooten schnellaufende Wagen- und Luftschiff-, bzw. Flugzeugmotoren mit Nutzen verwendbar sind. Mehr: sie sind hier sogar durchaus und in gewissem Sinne **ausschließlich das Gegebene**. Die kleinen Fahrzeuge dieser Art, bei deren Bau die Erzielung des geringstmöglichen Gewichts die Hauptforderung ist und sein muß, gestatten die Anwendung derart hochtouriger Maschinen ohne weiteres, und Geschwindigkeiten, wie sie hier erreicht werden sollen, sind unter den gegebenen Verhältnissen überhaupt nur auf diesem Wege zu erzielen. Trotzdem ist gerade unter den heutigen Verhältnissen, die uns übermäßige Luxusausgaben kaum gestatten, nur immer wieder zu sagen, daß Versuche, das Rennboot, das bisher in Deutschland wenig Liebe gefunden hat, erneut zu propagieren, jedenfalls ganz sicher nicht im Interesse der Industrie liegen. Will ein Privatmann ein derartiges Fahrzeug bauen, so läßt sich dagegen naturgemäß kaum etwas sagen,

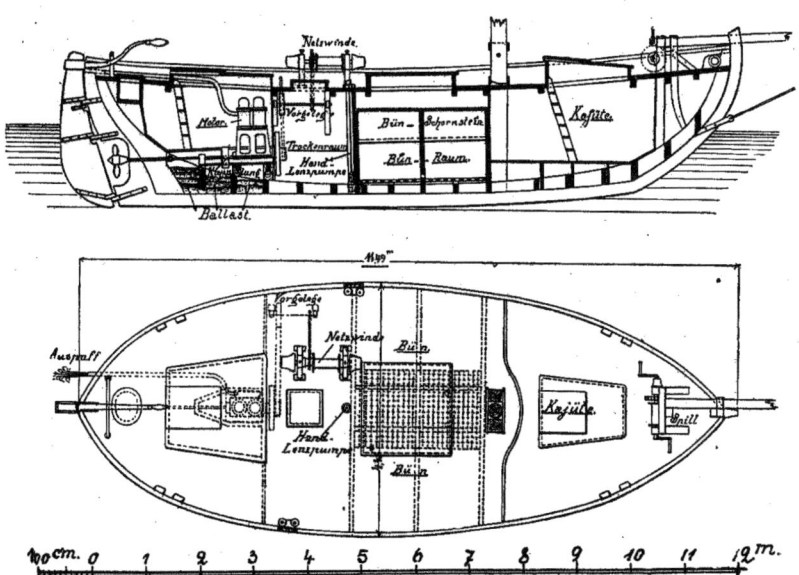

Abb. 4. Zweizylinder-Hilfsmotor in einem Fischerboot.
Der Motor wird gleichzeitig zum Betrieb der Netzwinde verwendet.

und er kann sicher sein, auch einen deutschen Motor dafür zu bekommen, der allen berechtigten Ansprüchen genügt. Die Industrie als solche aber hat nicht den mindesten Anlaß, sich ihrerseits auf diesem Gebiet mit kostspieligen Versuchen festzulegen, denn die Dinge liegen eben wirklich umgekehrt als manche Herren meinen, d. h. der moderne Luftschiff- und Flugzeugmotor läßt sich ohne weiteres in einen leichten und kleinen Schwimmkörper setzen, den er

2*

unter günstigen Verhältnissen mit enormen Geschwindigkeiten vorwärtspeitscht. Aber noch nie und nirgends sind in Rennbooten Motoren entwickelt worden, die umgekehrt dann im Luftschiff oder im Flugzeug Verwendung gefunden haben. Es ist dies auch gar nicht anders möglich, wenn man die außerordentlich geringen Verwendungsmöglichkeiten eines modernen Motorrennnbootes betrachtet. Gewiß sind in solchen Fahrzeugen ganz erstaunliche Geschwindigkeiten erzielt worden, der Weltrekord steht zurzeit auf nahe an 140 Kilometer, aber es ist dabei zu berücksichtigen, daß diese Geschwindigkeiten, deren Reiz nicht geleugnet werden soll, auf der einen Seite ein sehr teures Vergnügen darstellen, auf der andern Seite aber für die Praxis vollkommen wertlos sind. Ganz abgesehen davon, daß es naturgemäß nicht wohl möglich ist, die Mittel, mit denen derartige Geschwindigkeiten erzielt worden sind und erzielt werden, in Dimensionen zu übertragen, wie sie für die praktische Schiffahrt notwendig sind, bleibt die Tatsache bestehen, daß sie leider nur auf absolut ruhigem Wasser überhaupt zu erzielen sind. Selbst verhältnismäßig bescheidener Seegang ist imstande, die Fahrtleistungen eines Rennbootes ganz erheblich herabzusetzen, und bedeutet nächstdem eine so enorme Beanspruchung der Verbände des zarten Körpers, daß man besser tut, in solchem Falle zu Hause zu bleiben. Ganz abgesehen davon, daß auch unter günstigen Bedingungen der Aufwand an Maschinenkraft derart hoch ist, daß von einer praktischen Auswertung nicht mehr die Rede sein kann. Die Herren, die derartiges propagieren, vergessen anscheinend vollkommen, daß unsere Großschiffahrt hier tatsächlich bereits gewisse praktische Grenzen überschritten hat, und daß die schnellsten existierenden Dampfer (in der Handelsflotte hält zurzeit der englische Schnelldampfer „Mauretania" den Rekord auf diesem Gebiet) überhaupt nur existieren können, wenn sie durch Vermittlung der Marinebehörde eine sehr wesentliche Regierungssubvention erhalten.

Für den solideren und sich mit normalen Geschwindigkeiten begnügenden Motorkreuzer, das Gebrauchsboot und schließlich auch für das Großschiff sind Luftschiff- und Flugzeugmotoren, bzw. Maschinen, die nach den hier geltenden Prinzipien konstruiert sind, aber so ziemlich die ungeeignetsten Maschinen, die man sich vorstellen kann, trotz der ihnen unstreitig eigenen Fähigkeit, auch Dauerleistungen hinter sich zu bringen. Es liegt dies keineswegs an der für Luftschiffe und Flugzeuge naturgemäß außerordentlich wichtigen Leichtigkeit dieser Maschinen. Ganz sicher spielt diese Eigenschaft auf dem Wasser nicht entfernt die Rolle wie in der Luft, aber man wird naturgemäß nicht das mindeste dagegen einwenden, wenn sie vorhanden ist. Leichtigkeit bei derart hoher Leistung bedingt aber, von allem anderen abgesehen, eine **außerordentlich hohe Tourenzahl**, und dies ist etwas, was ein schwerer Schiffskörper am wenigsten gebrauchen kann. Die Entwicklungslinien des Schiffsmotors auf der einen und der Luftschiff- und Flugmotoren auf der anderen Seite liegen also ganz ohne Frage in gänzlich verschiedener Richtung, unbeschadet der Tatsache, daß die letzteren die gegebenen Maschinen für ein Fahrzeug sind, mit dem man nichts erreichen will als hohe Augenblicksgeschwindigkeiten. Für diese reinen Rennboote aber hat man in Deutschland selbst unter den immerhin günstigeren Verhältnissen vor dem Kriege nie sonderliches Interesse gehabt, und es ist dies auch nicht nur durchaus begreiflich, sondern auch in keinem Falle etwas, was zu bedauern wäre.

Wir haben uns in dem vorliegenden Werk nur sehr bedingt mit dem Motor - **Sport** auf dem Wasser als solchem zu beschäftigen; es ist aber nicht zu übersehen, daß er gerade auf diesem Gebiet eine ganz außerordentlich wichtige Aufgabe zu erfüllen hat. Eine Aufgabe, deren Bedeutung weit über den Rahmen des Sports hinausgeht und deren Erörterung also sehr wohl hierher gehört.

Daß ein Wettbewerb, wie ihn naturgemäß nur der Sport schaffen kann, für die notwendige, gesunde Weiterentwicklung der Industrie von außerordentlich hoher Bedeutung ist und sogar schlechthin als eine Notwendigkeit betrachtet werden muß, kann wohl als feststehend angesehen werden. Rad, Wagen und Flugzeug bauen sich vollständig und ausschließlich auf Fundamenten auf, die der Sport geschaffen hat, und es ist dies auch von industrieller Seite selbst oft genug mit allem Nachdruck betont worden. Ganz abgesehen davon, daß bei der Gestaltung der sportlichen Wettbewerbe auf diesen Gebieten die Industrie mit eine führende Rolle spielt und in enger Fühlung mit den Sportverbänden arbeitet.

So bedeutend nun aber hier diese Rolle der Industrie ist, so bescheiden ist sie — der beste Beweis dafür, daß hier nicht alles so ist, wie es sein sollte — im deutschen Motorbootsport. — Trotzdem gerade auch die Bootsmotorenindustrie allen Anlaß hätte, für ihre Erzeugnisse Propaganda zu machen. Wenn diese Notwendigkeit in den letzten Jahren nicht offenkundig geworden ist, so lag das im wesentlichen an den besonderen Verhältnissen, die durch den Stand unserer Valuta geschaffen wurden. Vom Ausland aus gesehen, waren alle deutschen Erzeugnisse so lächerlich billig, daß es einer Propaganda für sie kaum bedurfte. Dies hat sich nicht nur bereits ganz wesentlich geändert, sondern es besteht umgekehrt auch im Auslande bereits heute ein erhebliches Bedürfnis, den Markt auszudehnen, und das Angebot auch guter, ausländischer Maschinen dürfte recht bald stärker werden als es uns lieb sein kann. Tatsächlich ist bereits in der Vorkriegszeit auf diesem Gebiet Erhebliches versäumt worden, Es ist in weiten Kreisen kaum bekannt geworden, daß damals z. B. die dänische Bootsmotorenindustrie sich geradezu den Löwenanteil bei der Lieferung für Hilfsmotoren für unsere Fischerboote zu sichern imstande gewesen ist, während man in Deutschland noch kaum wußte, was hier gewünscht und gebraucht wurde. — Trotz aller Bemühungen des „Deutschen Seefischerei-Vereins".

Es darf nicht verschwiegen werden, daß dieser Zustand zum Teil wenigstens auch Schuld der beteiligten Industrie selbst ist.

Es ist bekannt, daß — es ist wohl nötig, dies einmal unmißverständlich zu sagen — der deutschen Industrie eine gelegentlich außerordentlich weitgehende Verständnislosigkeit für das innerste Wesen einer zweckmäßigen, zielbewußten Propaganda eigen ist, womit Hand in Hand die Tatsache geht, daß man sehr stark geneigt ist, besonders die Fachpresse geradezu als den natürlichen Gegner zu betrachten. Man macht unserer Regierung gern den Vorwurf, daß sie nie verstanden hat, sich der Möglichkeit einer zweckmäßigen Pressepropaganda zu bedienen, aber man wird bei objektiver Betrachtung finden, daß auch die Zahl der deutschen Kaufleute, die diese Kunst beherrschen, nur gering ist.

Zweifellos würde es natürlich zunächst Sache der führenden Sportkreise sein, Wettbewerbe zu schaffen, die der Industrie die Möglichkeit geben, sich weiter zu entwickeln, und es soll nicht geleugnet werden, daß die heute bei uns üblichen Konkurrenzen solche Möglichkeiten kaum geben und geben können. Infolgedessen besteht für die Industrie auch kein Anreiz, sich offiziell daran zu beteiligen. Man wird auf der anderen Seite aber kaum ganz außer acht lassen dürfen, daß sich dies bald ändern würde, wenn von seiten der Industrie auf diesem Gebiet der Einfluß geltend gemacht würde, den sie im Kraftwagen- und Motorradsport sehr wohl in die Wagschale zu werfen weiß.

Gewiß, wie schon oben gesagt, es fehlt keineswegs an guten Bootsmotoren in Deutschland. **Es fehlt aber durchaus an Wettbewerben, in denen geeignete Boote auch der breiten Oeffentlichkeit beweisen, was wir leisten können!** — Wenn heute deutsche Firmen auch in der Erzeugung der so wichtigen, kleinen Schweröl-Motoren Mustergültiges leisten, so hat doch der deutsche Motorbootsport hierzu nicht das mindeste beigetragen, und es ist das kaum ein Ruhm für ihn.

Es ist eine bedauerliche Tatsache, daß es dem Sport auf diesem Gebiet bisher nicht gelungen ist, eine vernünftige Konkurrenz für die große Zahl der vorhandenen Motorseekreuzer zu schaffen. Es ist auch gar nicht zu leugnen, daß dem gewisse Schwierigkeiten entgegenstehen. Zunächst einmal gehört zu einem Rennen dieser Art, dessen Vorbild die berühmte Bermuda-Fahrt der Amerikaner sein muß, eine Seemannschaft der Führer, die in den Kreisen der deutschen Motoryachteigner wohl nur verschwindend wenigen eigen ist. Zum anderen aber darf man nicht vergessen, daß ein derartiger Wettbewerb für den Privatmann einen erheblichen Aufwand an Zeit und Geld bedeutet, und daß er nächstdem eine Organisation verlangt, die nicht für drei oder vier Teilnehmer geschaffen werden kann. Sollte es aber wirklich nicht möglich sein, eine derartige Konkurrenz mit Hilfe der interessierten Firmen zu schaffen? Wünschenswert wäre es jedenfalls in hohem Maße. Auf der einen Seite würden die Ergebnisse eine Propaganda für unsere deutschen Bootsmotoren darstellen können, wie sie besser und eindrucksvoller kaum gedacht werden kann, auf der anderen Seite aber würde das Ganze auch auf den Sport in diesem Gebiet außerordentlich befruchtend wirken, und der großen Zahl derjenigen Bootseigner, die bisher kaum recht wissen, was sie mit ihrem Seekreuzer anfangen sollen, praktisch beweisen, zu welchen Leistungen ein solches Boot tatsächlich fähig ist. Allerdings geht damit Hand in Hand die Voraussetzung, daß mit der Gewohnheit gebrochen wird, jeden Müggelsee-Kreuzer als Seekreuzer anzusehen.

* * *

Man kann nach den Eigenarten des Bordbetriebes zusammenfassend wohl sagen, daß für den geeignetsten Bootsmotor der Reihe nach etwa folgende Eigenschaften wünschenswert sind:
1. **Stabile, solide Konstruktion** auch aller Einzelteile mit Rücksicht auf langen, angestrengten Betrieb.
2. **Einfachheit, Uebersichtlichkeit und leichte Zugänglichkeit** der ganzen Konstruktion.
3. **Geringstmögliche Umdrehungszahl.**
4. **Geringer Raumbedarf.**
5. **Sparsames Arbeiten.**

Von weniger wichtigen Wünschen, unter deren Berücksichtigung die vorstehend aufgeführten Hauptforderungen keinesfalls leiden dürfen, seien noch die Möglichkeit, verschiedene Brennstoffe zu benutzen, stoß- und geräuschfreies Arbeiten und schließlich Vermeidung überflüssigen Gewichts (wir sagen absichtlich nicht Leichtigkeit!) genannt.

KAPITEL II.

Der Motor im Boot.

Zweifellos brauchte dies Kapitel nicht geschrieben zu werden, wenn es nur Motorboote gäbe, die von erfahrenen Konstrukteuren auf guten Werften gebaut wären. Leider aber ist das keineswegs der Fall und man findet nicht nur recht merkwürdig und bedenklich anmutende Neubauten auf diesem Gebiet, sondern noch mehr wird bei dem häufig vorkommenden, nachträglichen Einbau eines Motors in ein vorhandenes Fahrzeug gesündigt. Es erscheint also durchaus angebracht, zu diesem Thema einiges Grundlegende zu sagen.

Zunächst wäre dabei zu berücksichtigen, daß ein Motor unter allen Umständen eine verhältnismäßig beträchtliche Belastung für ein Boot bedeutet. Es ist also zu untersuchen, ob die Verbände dem gewachsen sind, bzw. ob und in welchem Umfange Verstärkungen möglich und notwendig erscheinen. Daß die Maschine keinesfalls unmittelbar die Außenhaut beanspruchen darf, ist wohl selbstverständlich. Die Fundamentträger ruhen auf den Spanten, bzw. Bodenwrangen, aber es ist zu beachten, daß sie auch lang genug sind, um die Beanspruchung auf eine genügend große Fläche zu verteilen. Besonders sorgfältig ist zu verfahren, wenn das Fahrzeug mit stärkerem Seegang zu rechnen hat, und es ist in diesem Fall auch zu berücksichtigen, daß das Fahren eines mechanisch fortbewegten Fahrzeuges bei Seegang unter Umständen ganz andere Ansprüche an die Festigkeit des ganzen Bootskörpers stellt, als die Fortbewegung mit Segeln.

Auch die Stellung des Motors im Boot ist für sein späteres Verhalten mitbestimmend. Es kann unter Umständen aus rein praktischen Gründen durchaus erwünscht scheinen, den Motor in das Vorschiff zu verlegen. Rechnet man aber mit der Benutzung des Fahrzeuges in stärkerem Seegang, so ist zu bedenken, daß diese Belastung des Vorschiffes — die sich durch die schärfere Spantform noch dazu besonders stark auswirkt — die Bewegungen des Bootes stark beeinflußt, und es ihm besonders erschwert, sich bei von vorn anrollenden Seen rechtzeitig und mit der wünschenswerten Leichtigkeit zu heben. —

Eine Installierung der Maschine im Achterschiff ist, wo man etwa aus Raumgründen den Einbau Mittschiffs vermeiden will, jedenfalls als das kleinere Uebel anzusehen.

In allen Fällen ist unbedingt dafür zu sorgen, daß man an alle wichtigen Teile der Maschinenanlage heran kann. Besonders Hilfsmotoren von Segelfahrzeugen sollen den, an sich gewiß bescheidenen Raumbedarf des modernen Motors vielfach nach dem Willen der Bootseigner so weit ausnützen, daß nachher kein Mensch mehr an der Maschine arbeiten kann, wenn nur eine kleine Reparatur erforderlich wird. Gerade bei solchen Anlagen aber kommt es gewöhnlich schneller und häufiger zu Anständen als unter normalen Verhältnissen, weil der Mangel an Ellenbogenraum auch die normale Pflege der Maschine erschwert.

Ein außerordentlich häufig vernachlässigter Punkt in Motorenanlagen an Bord ist sodann die Unterbringung des oder der Brennstoffbehälter und die von dort zur Maschine führende Leitung.

Auch die besten Tankanlagen können im Laufe der Zeit gelegentlich undicht werden; es ist möglich, daß Unreinlichkeiten hineingeraten und entfernt werden müsen usw. usw., und es ist mithin bei der Unterbringung der Behälter unbedingt in Rechnung zu stellen, daß man auch später ohne allzu große Schwierigkeiten an sie heran kann. Die Leitungsrohre sollen aus **hart gelötetem Kupfer** bestehen und so gelegt sein, daß sie in keinem Fall durch die Bewegungen des Schiffskörpers im Seegang mit in Anspruch genommen werden können. Daß eine Vernachlässigung dieser Vorschriften bei der Verwendung von Benzin als Brennstoff die Gefahr eines Brandes mit sich bringt, ist selbstverständlich. Wo Rohöl verwendet wird, ist diese Gefahr allerdings als solche wesentlich geringer, aber auch hier sind Brennstoffsickerungen in die Bilge mindestens ihres Geruches wegen nicht erwünscht.

Wie schon kurz erwähnt, spielt das absolute Gewicht des Motors im Boot bei weitem nicht die Rolle, wie im Wagen, oder gar im Flugzeug. Zum wenigsten nicht bei Erwerbsfahrzeugen und schwereren Sportbooten, also Kreuzern. Freilich bedeutet diese Feststellung nun aber nicht, daß überflüssige Gewichte wünschenswert sind. Allzu wenig wird ferner häufig beachtet, daß die Gewichtsfrage da eine bedeutendere Rolle auch im Boot spielt, wo ein geringer Tiefgang erwünscht oder notwendig ist. Das Fahrzeug wird auf diese Weise leicht übermäßig rank.

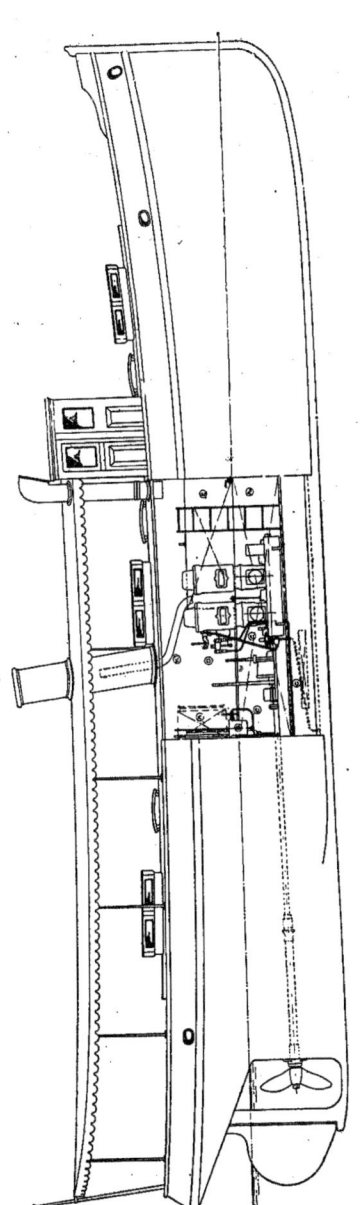 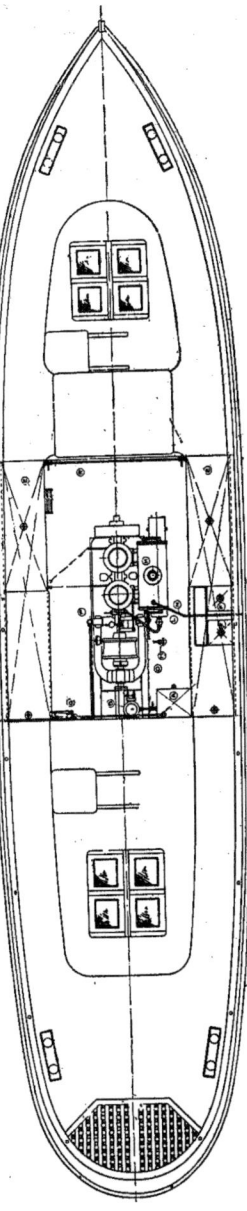

Abb. 5. Beispiel eines größeren, gedeckten Bootes mit abgeschottetem Motor-Raum.

Gedeckte Boote sollten immer einen von den übrigen Räumen gut abgeschlossenen Maschinenraum haben, wenn man sich nicht damit abfinden will, daß auf die Dauer auch die Wohnräume nicht geruchfrei bleiben. Im übrigen ist auf allen Motorfahrzeugen für gute Lüftung der Innenräume besonders Sorge zu tragen, was natürlich in erster Linie für den Maschinenraum selbst gilt. Es gehört hierher die oft umstrittene Schornstein-Frage.

Der Schornstein als bloße Atrappe ist selbstverständlich ein Unsinn. Ein, wenigstens auf kleinen Booten, noch größerer Unsinn ist die Verwendung dieser Schornsteinatrappe als Wassertank. Als ob die meisten kleinen „See"-Kreuzer, bei denen man derartiges gelegentlich findet, nicht schon rank genug wären. Wenig empfehlenswert ist auch die wirkliche Verwendung als Schornstein, das heißt also die Ableitung der Abgase des Motors durch einen solchen Apparat, die sich immer mindestens den Geruchsnerven unangenehm bemerkbar machen wird. Wohl aber bildet der Schornstein einen ganz ausgezeichneten V e n t i l a t o r für den Motorraum und ist bei solcher Verwendung und unter der Voraussetzung organischer Einführung in das Gesamtbild des Fahrzeugs durchaus angebracht.

KAPITEL III.
Der Propeller.

Von den gebräuchlichen Propellern kommt für die vorliegenden Ausführungen lediglich d i e S c h r a u b e in Betracht. Die Schraube nimmt die vom Motor geleistete Arbeit abzüglich der, ganz nicht vermeidbaren, Verluste durch Reibung usw. im Motor selbst in sich auf und verwandelt den größten Teil derselben in Schubarbeit, durch welche das Boot mit einer gewissen Geschwindigkeit vorwärtsbewegt wird. Die vom Propeller gefaßten Wassermassen erhalten eine drehende und zugleich axiale nach rückwärts gerichtete Bewegung. Dabei muß selbstverständlich die Geschwindigkeit dieser axialen Bewegung größer sein, als die des Wassers, welches sich vor dem Propeller befindet, wenn ein axialer Schub entstehen soll; die Schubwirkung des Propellers entsteht also, technisch-wissenschaftlich gesprochen, durch die Beschleunigung von Wassermassen in einer Richtung, welche der Bewegungsrichtung des Bootes entgegengesetzt

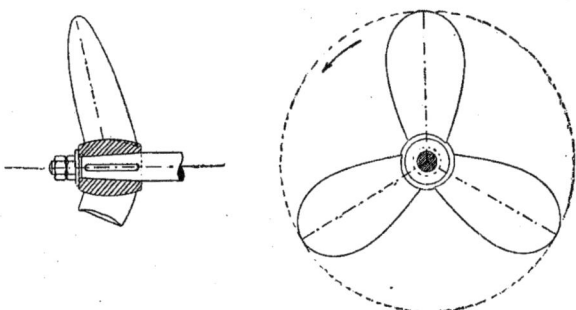

Abb. 6. Dreiflügel-Propeller.

ist. Diese beschleunigten Wassermassen finden in dem hinter dem Propeller liegenden Wasser einen Widerstand gegen ihre Bewegung, welcher normal ebenso groß ist als derjenige, der sich der Fortbewegung des Bootes entgegensetzt.

Kapitel III

Der Schraubenpropeller besteht aus einer Anzahl Flügel (2, 3 oder 4), die in einer Nabe vereinigt und durch diese auf der Welle befestigt sind. Die Schraubenflügel sind von der Nabe nach der Flügelspitze zu so gewunden, daß ihre hinteren Flächen gewöhnlich als Teile einer Schraubenfläche angesehen werden können, welche bis zur Achse der Welle eingeschnitten gedacht werden muß. Die Größe der, von der Schraube nach rückwärts bewegten Wassermenge ist ersichtlich einmal von dem Schraubendurchmesser und weiterhin von der Größe der Schraubenfläche abhängig. Da nun aber die Wirkung der Schraube auf der Beschleunigung von Wassermassen beruht, so wird in solchen Fällen, in denen die Beschleunigung nicht groß sein kann, die Wassermasse groß werden müssen, während bei großer Beschleunigung (also hoher Umlaufzahl der Schraube) nur kleine Wassermassen notwendig sind, um einen gewissen Schraubenschub zu erzielen. Man findet daher bei langsamen, schweren Booten Schrauben mit großem Durchmesser, großer Flügelfläche und kleinem Schraubenweg. Es ist für normale Gebrauchsboote auch immer die geringere Umlaufszahl das Richtigste. S e l b s t w e n n sie nur durch Zwischenschaltung eines Getriebes erreicht werden kann.

Wie schon angedeutet, wird die, der Schraubenwelle vom Motor mitgeteilte Leistung (häufig als Wellen-Leistung, Wellen-Pferdestärke bezeichnet) ebensowenig vollständig in Schubarbeit umgesetzt, wie der Motor selbst imstande ist die volle Leistung der verbrannten Betriebsstoffmenge seinerseits an der Welle abzugeben. Ein erheblicher Teil und zwar ca. 30 % bei gut konstruierten und fabrizierten Schrauben und 40 %, oder sogar wohl noch mehr bei minderwertigen, wird benötigt, um die Eigenwiderstände in der Schraube (Reibungs- und Verdrängungswiderstände des Wassers an den Flügeln und der Nabe usw.) zu überwinden. Dieser Teil der Dreharbeit geht für die Bewegung des Bootes verloren. Dieser Verlust wächst bei einer gegebenen Schraube mit der Zunahme der Umlaufszahl, also indirekt auch mit der Zunahme des Rücklaufs. Man nennt das Verhältnis der zur Wirkung auf Schub des Bootes gelangenden Dreharbeit zur ganzen in den Propeller gelangenden Dreharbeit den W i r k u n g s g r a d d e r S c h r a u b e. —

Es ist eine alte Erfahrung, daß auf diese Dinge gerade bei Motorbooten, man kann wohl fast sagen in den seltensten Fällen Rücksicht genommen wird und die meisten Motorbootbesitzer und -Führer die merkwürdige Ansicht vertreten, Form, Größe und Ausführung der Schraube sei etwas sehr Nebensächliches. I n W i r k l i c h k e i t kann dabei gar nicht stark genug betont werden, daß nicht nur sauberste und konstruktiv einwandfreieste Arbeit gerade für die Schraube unerläßlich ist, sondern daß auch **Boot, Motor und Schraube keinesfalls nach Belieben zusammengewürfelt** werden dürfen, wenn sich das Ergebnis nicht an dem Punkt rächen soll, in dem die Motorbootbesitzer genau so empfindlich sind, wie andere Menschen: am Geldbeutel.

KAPITEL IV.
Kupplung, Wendegetriebe und Umsteuer-Schraube, der elektrische Schrauben-Antrieb.

Bei der normalen Kolbendampfmaschine wird die Bewegung der Kolben durch die Pleuelstangen unmittelbar auf die Schraubenwelle übertragen. Dies ist beim Motor, wie er für uns hier in Betracht kommt, von anderem abgesehen, schon deshalb nicht möglich, weil er, um in Betrieb zu kommen, von Hand oder durch einen Anlasser angedreht werden muß, wobei man nicht die ganze Schraube mitdrehen kann. Außerdem haben Verbrennungsmotoren im allgemeinen n u r e i n e U m l a u f s r i c h t u n g, während es für den Bootsbetrieb unerläßlich oder doch mindestens wünschenswert ist, Vorwärts- und Rückwärtsbewegung zur Verfügung zu haben. Im besonderen bei Zweitaktmotoren ist es allerdings ohne große Komplikation der Steuerung an sich möglich, auch einen Rückwärtsgang des Motors zu erzielen. Dennoch verzichtet man, besonders bei kleineren Motoren, meist darauf, diese Möglichkeit zu benützen und verwendet besondere Einrichtungen außerhalb des Motors, um den Rückwärtsgang des Bootes zu erreichen. Große Motoren allerdings erhalten heute wohl stets eine direkte Umsteuerung ihrer Laufrichtung, so daß sie nach Belieben links- oder rechtsherum laufen können. Gewöhnlich wird das Anlaufen solcher Maschinen durch Druckluftverwendung herbeigeführt.

Die Möglichkeit, den Motor, ohne sofort den Propeller in Mitleidenschaft zu ziehen, in Betrieb zu setzen, gewährleistet im Boot wie im Wagen d i e K u p p l u n g. Der Umkehrung der Drehrichtung dienen W e n d e - G e t r i e b e oder U m s t e u e r - S c h r a u b e, abgesehen von den Booten mit elektrischem Schraubenantrieb, die am Schluß kurz gesondert besprochen werden sollen.

Wesen und Wirkungsweise der Kupplung dürfen im allgemeinen wohl als bekannt vorausgesetzt werden. Es gelangen im Bootsbetriebe sogenannte L a m e l l e n -, F e d e r b a n d -, S p a n n r i n g - und (wohl weitaus überwiegend) die in Abb. 7 dargestellte einfache

Konus-Kupplung zur Anwendung. Letztere besteht dabei aus den beiden Scheiben A und B, von denen A auf der Motorwelle, B auf der Wellenleitung befestigt ist. Der überstehende Rand C der Scheibe A ist konisch ausgedreht, also nach hinten zu weiter als nach vorne. Die peripheriale Fläche der Scheibe B ist in dem gleichen Maße konisch abgedreht, so daß, wenn die Scheiben gegeneinander gedrückt werden, was zunächst von Hand durch den Kupplungshebel, später durch den Druck der Schraube selbst dauernd geschieht, ihre Flächen, die zur Erhöhung der Reibung mit Leder oder Hartholz belegt sind,

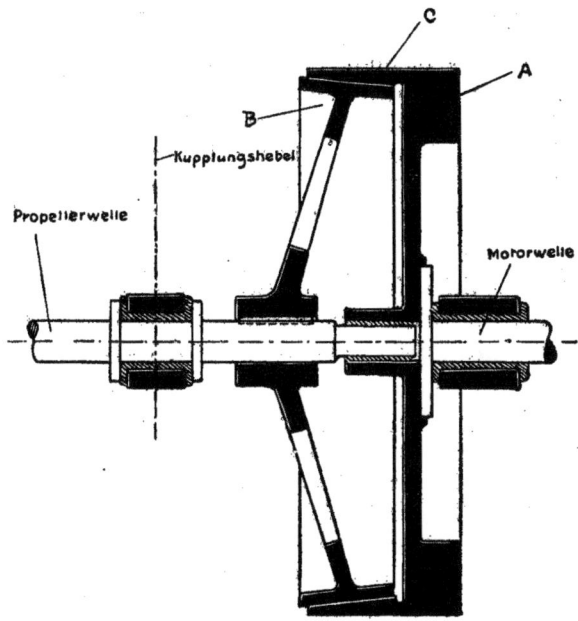

Abb. 7. Konus-Kupplung.

ineinander passen und A (vom Motor bewegt) B in gleichem Drehsinne mitnimmt, solange der Druck anhält. Die Scheibe A bildet dabei vielfach gleichzeitig das Schwungrad des Motors. —

Etwas komplizierter ist die Konstruktion der verschiedenen Arten von Wende-Getriebe, von denen wir in der Folge einige bekannte und bewährte Typen wiedergeben.

Der Grundgedanke des Wendegetriebes beruht auf der bekannten Tatsache, daß man die Drehrichtung einer Welle umkehren kann, wenn man sie teilt und einen Zahn- oder Reibrad-Antrieb einschaltet, und es gibt eine ganze Anzahl mehr oder minder sinnreicher Konstruktionen dieser Art, die bei guter Herkunft vom Standpunkt des Verbrauchers aus wohl als ziemlich gleichwertig betrachtet werden können. Wesentlich ist vor allen Dingen diese gute Herkunft, die Gewähr dafür bietet, daß bei der Herstellung nur tadelloses Material zur Verarbeitung gelangt, und man soll gerade auch hier nicht allzu sparsam bei der Anschaffung sein.

Der moderne Maschinenbau verfügt heute über Stahlsorten, die ganz außerordentlichen Beanspruchungen gewachsen sind und fast Diamanthärte aufweisen. Es sei hier nur daran erinnert, daß z. B. in der Großschiffahrt die Dampfturbinen durchweg mit Zahnrad-Uebertragungen ausgerüstet werden müssen, um die Umdrehungszahlen auf das praktisch notwendige Maß zu reduzieren, und daß sich dabei noch kaum jemals Anstände ergeben haben und praktisch kaum eine Abnutzung der Zähne nachweisbar war. Allerdings aber setzt dies die Verwendung hochwertiger Edelstahle voraus, die nicht „billig" sein können.

Gerade der motorbootfahrende Laie sollte sich aber darüber klar sein, daß falsche Sparsamkeit in dieser Hinsicht immer ein Gefahrmoment in sich birgt, allermindestens aber gelegentlich recht unangenehm werden kann.

Selbst bei sachgemäßer und vorsichtiger Bedienung, die keineswegs immer gewährleistet ist, bedeutet die Umschaltung von „Vorwärts" auf „Rückwärts" besonders bei höheren Maschinenleistungen ganz selbstverständlich eine starke Beanspruchung des Materials und — — eine Reparatur ist gerade hier für den Nichtfachmann und mit Bordmitteln keinesfalls durchführbar.

Eine ganze Anzahl von Motorenfirmen verfügt über eigene Konstruktionen von Wendegetrieben, bezw. liefern von ihnen selbst erprobte Konstruktionen mit, und es kann nur gesagt werden, daß dies Verfahren das einzig richtige ist. Man sollte überhaupt grundsätzlich mit der noch immer geübten Praxis brechen, nur den Motor zu verkaufen und alle, zum Betrieb tatsächlich unentbehrlichen Teile einzeln „anzuhängen". Eine der Ursachen amerikanischer Erfolge liegt darin, daß hier grundsätzlich der komplette Apparat geliefert wird. Es braucht dabei gar nicht so unbedingt um den Preis des Ganzen zu gehen. Man darf aber nicht vergessen, daß die meisten Käufer Laien sind und sich unwillkürlich ärgern, wenn sie noch alle

Kupplung, Wendegetriebe und Umsteuerschraube usw. 35

möglichen Dinge nachkaufen sollen, bevor der erworbene Motor wirklich verwendungsbereit ist. Selbst die sehr häufig angewendete Einzel-Berechnung durch die Motorenfabrik ist offensichtlich ein kaufmännischer Fehler, vor allen Dingen aber werden Käufer, die zur Sparsamkeit neigen, auf diese Weise veranlaßt, entweder selbst sogenannt billige Ergängzungsteile zu kaufen, oder der Werft

Abb. 8. „Konus"-Wendegetriebe Preuß, Ansicht.

einen Einfluß einzuräumen, der bei kleinen Betrieben auch oft nicht wünschenswert ist. —

Abb. 8 zeigt eine Ansicht des Preußschen, sogenannten „Konus"-Wendegetriebes, das sich als einfache und solide Konstruktion bei leichter Montage bewährt hat, Abb. 9 einen Schnitt durch das Siemens-Wendegetriebe bei Stellung auf Vorwärtsgang.

3*

Kapitel IV

Entbehrlich wird das Wendegetriebe durch die Verwendung einer sogenannten Umsteuer-Schraube.

Wie früher gesagt wurde, sind die Flügel der normalen Schraube derart auf der Nabe befestigt, daß sie bei Drehung der Welle einen gleichmäßigen Wasserstrom in der der Bootsbewegung entgegengesetzten Richtung erzeugen. Werden nun bei gleichbleibender Drehrichtung der Propellerwelle die Flügel um ihre zur Wellenmitte senkrecht stehende Achse weit genug nach der entgegengesetzten Richtung gedreht, so ändert sich naturgemäß die Richtung des Wasserstromes und damit auch die Bewegungsrichtung des Bootes.

Ihre überwiegende Anwendung findet die Umsteuer- oder Drehflügelschraube bei Booten und Fahrzeugen, die nächst dem Motor (bzw. eigentlich überwiegend) das Segel zu ihrer Fortbewegung benutzen sollen, und zwar, weil man die drehbaren Flügel auch derart stellen kann, daß ihre Flächen in die Längsebene des Schiffes zu liegen kommen und der Fortbewegung bei Stillstand der Maschine somit den geringsten Widerstand entgegensetzen.

Es ist vielleicht ganz angebracht, hierzu kurz zu bemerken, daß dabei gerade für das Segelfahrzeug mit Hilfsmotor diese Umsteuerschraube nach Ansicht des Verfassers keine Notwendigkeit ist, und sogar kaum die ideale, technische Lösung des hier gegebenen Problems darstellt. Zumindest nicht da, wo der „Hilfs"-Motor auch wirk-

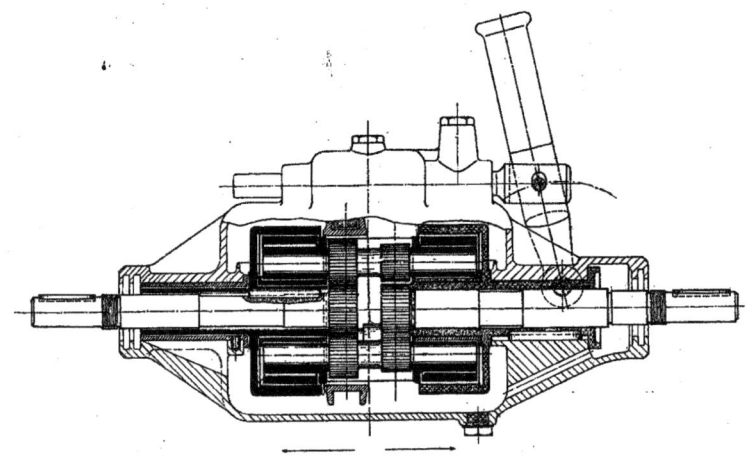

Abb. 9. Schnitt durch das Siemens-Wendegetriebe bei Stellung auf Vorwärtsgang.

Kupplung, Wendegetriebe und Umsteuerschraube usw. 37

lich nur ein solcher sein soll und nicht mehr als das wirklich Notwendige von ihm verlangt wird.

Man wird sich in diesem Fall, was die Leistung des Motors in Fahrt angeht, damit begnügen können, daß die Maschine imstande ist, dem Boot bei absoluter Windstille und in stromlosem Wasser eine Fahrt von 4—5 Meilen zu geben. Eine größere Maschinenleistung würde sich dabei nur durch besondere, örtliche Verhältnisse (starke Strömung usw.) rechtfertigen, nächstdem aber ist zu betonen, daß tatsächlich nur Fahrt voraus verlangt zu werden braucht. „Maschinenmanöver" sind weder notwendig, wenn es sich wirklich um ein Segelfahrzeug handelt, noch ist ein solches ein sehr geeignetes Objekt dafür.

Es folgt daraus, daß Umsteuervorrichtungen für die Schraube für diesen Zweck im Grunde schon etwas Ueberflüssiges sind. Sie rechtfertigen sich allerdings eben dadurch, daß mit ihrer Hilfe die Möglichkeit gegeben wird, der Schraube die sogenannte Segelstellung zu geben, es ist aber auch auf andere Weise — und zwar sogar einfacher und wirksamer — möglich, den übrigens sehr beträchtlichen Widerstand der unbewegten Schraube beim Segeln zu vermeiden. Der technische Weg hierzu ist in der Trennung von Motor- und Schraubenwelle gegeben, wobei das Verbindungsglied zwischen ihnen nicht, wie wir gesehen haben, und wie im allgemeinen üblich, eine Kupplung, sondern ein Riemen bzw. eine Kette ist. Die Kupplung ist zwar technisch ohne Frage das Vollkommenere, aber sie kompliziert das Ganze, und es kommt auf die Wirkung angesichts der Tatsache, daß der Motor nicht ständig gebraucht wird, kaum allzusehr an.

Die möglichst leichte Schraubenwelle, die gut auch hohl sein kann, wird in diesem Fall außer im Steven mindestens noch an ihrem vorderen Ende gut gelagert und erhält eine Riemenscheibe, deren Größenverhältnis zu der Motorwelle gleichzeitig zu einer Regelung der Umdrehungszahl beitragen kann. Bei gelöstem Antriebsriemen ist sie damit außer jeder Verbindung mit der Maschine und wird sich, besonders wenn man gut geölte Kugellager verwendet, beim Segeln ohne weiteres mitdrehen, so daß von einem nennenswerten Widerstand kaum die Rede sein kann. Nicht zu unterschätzen dürfte bei dieser Anordnung im übrigen die größere Freiheit in bezug auf die Aufstellung des Motors sein, der nicht, wie sonst an das Wellenende gefesselt ist und auch so gestellt werden kann, daß eine Ueberholung möglich wird, ohne sich an den Füßen aufhängen zu müssen. Es ist sogar durchaus möglich, den Motor im

Vorschiff aufzustellen, wenn dies nur als Kabelgatt und dergl. Verwendung findet, und besonders auf mittleren und kleineren Fahrzeugen wird man solche Bewegungsfreiheit nicht unterschätzen. Im übrigen ist diese Anordnung der Motoren bzw. seiner Verbindung mit der Schraube keineswegs neu, und ihr Grundgedanke — Trennung beider Apparate — war schon im Anfang der Maschine an Bord das Gegebene. Die alten Schraubenfregatten besaßen alle eine lose Schraube, die überdies ganz aus dem Wasser gehoben werden konnte.

Im übrigen sollte man wenigstens auf reinen Motorbooten die Umsteuerschraube da vermeiden, wo mit der Möglichkeit häufigerer Grundberührungen gerechnet werden muß. Gegen derartiges ist der, an sich durchaus einfache und auch verhältnismäßig robuste Mechanismus selbstverständlich ganz wesentlich empfindlicher als die einfache Schraube. Eine verbogene Welle (eine sehr häufige Folge des Streifens eines großen Steins) bei dieser richtet jeder Dorfschmied gerade, für die Umsteuerschraube ist derartiges wesentlich peinlicher.

Es gibt eine ganze Anzahl von Umsteuerschrauben-Konstruktionen, von denen bei uns die in Abb. 10 gezeigte Meißner-Schraube wohl am bekanntesten ist.

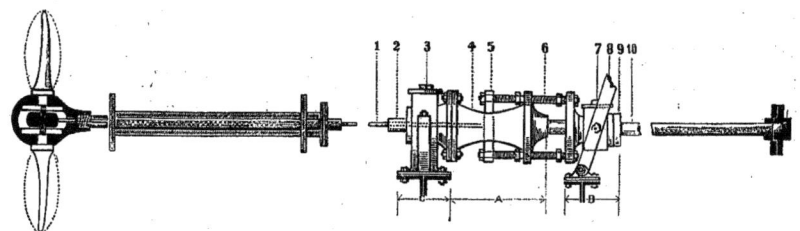

Abb. 10. Umsteuerschraube Patent Meißner: 1. Schubstange. 2. Hohe Welle. 3. Drucklager. 4. Schiebersteuerung. 5. Schieberbalken. 6. Steuerungsspindeln mit Einstellung. 7—9 Flügeldrucklager. 10. Massive Welle.

Eine andere Konstruktion der früheren Daevel-Werke, die sich verschiedenlich auch im Fischereibetrieb gut bewährt hat, ist in Abb. 11 wiedergegeben und bedarf im einzelnen kaum einer näheren Erklärung, um so weniger, als die eingehende Behandlung technischer Einzelheiten hier nicht beabsichtigt sein kann.

Der Vollständigkeit halber soll die Tatsache nicht unerwähnt bleiben, daß die moderne Technik das starke Bestreben zeigt, den

Schraubenantrieb — der, wie wir gesehen haben, in der Tat eine Reihe von Mängeln und Schwächen besitzt, durch ein vollkommeneres Instrument zu ersetzen: den **schwingenden** — d. h. also nach Art des Fischschwanzes arbeitenden — Propeller.

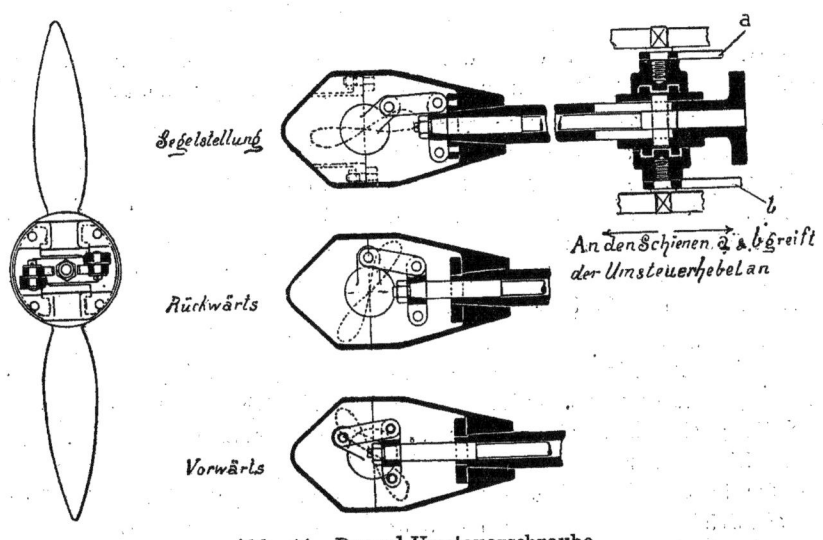

Abb. 11. Daevel-Umsteuerschraube.

Man ist dabei bis zur Stunde noch nicht über das Stadium tastender Versuche hinausgekommen, aber wir müssen uns ein allzugroßes Beharrungsvermögen auf diesem Gebiete ohne Frage abgewöhnen. Hat doch erst vor kurzem der Rotor — auch wenn er noch keineswegs so durchgebildet erscheint, daß er das alte Segel wirklich verdrängen könnte — bewiesen, daß auf dem Wege der Beobachtung der Naturkräfte mancherlei Ueberraschungen möglich sind. Es ist bekannt, daß vor allen Dingen die Entwicklung des modernen Flugwesens zu diesem intensiven Studium der natürlichen Fortbewegungsmittel geführt hat. Es ist aber nicht zu verkennen, daß der Fisch unserer so weit vorgeschrittenen Technik mindestens ebenso viele Rätsel aufgibt, wie dort der Vogel.

Wenn man bedenkt, daß relativ kleine Fische in reißenden Strömungen völlig mühelos schwimmen, wenn man sieht, wie Hai und Delphin den mit tausenden von Pferdestärken vorwärtsdrängenden, schnellen Dampfer mit Leichtigkeit umspielen und ihn tagelang begleiten, so ist der Gedanke jedenfalls nicht ohne weiteres von der Hand zu weisen, daß der Schwingungspropeller fraglos geeignet erscheint, erzeugte Kräfte wesentlich besser auszunutzen, als der einfach rotierende Antrieb dies vermag.

* * *

Wendegetriebe sowohl wie Umsteuerschraube werden entbehrlich durch den, allerdings noch selten gebrauchten, e l e k t r i s c h e n S c h r a u b e n - A n t r i e b.

Der Motor als solcher hat bei dieser Anordnung mit dem Bootsantrieb unmittelbar überhaupt nichts zu tun. Er treibt lediglich eine direkt mit ihm verbundene Dynamo, die seine Arbeitsleistung in Elektrizität umsetzt und entweder in einer Akkumulatorenbatterie aufspeichert oder in einen, auf der Schraubenwelle befestigten Elektromotor weiterleitet.

Rein theoretisch zunächst ergeben sich daraus eine ganze Menge Vorteile. Es wird völlig gleichgültig, mit welcher Tourenzahl der Motor arbeitet und wo er im Boot untergebracht ist. Es kann (bei der relativ geringen Elastizität der Verbrennungsmotoren ein immerhin beachtlicher Vorzug) bei langsamster Fahrt voraus ebenso ruhig mit seiner besten Umdrehungszahl weiter laufen, wie beim plötzlichen Rückwärtsfahren mit voller Kraft, und es kann vor allen Dingen die dem Bootsführer allein wichtige Zahl der S c h r a u b e n - Umdrehungen jederzeit in weitestem Umfange geändert und den Fahrtnotwendigkeiten angepaßt werden.

Dazu kommt schließlich der große Vorzug aller elektrischen Anlagen: das prompte Parieren auf einen einzigen Hebel, und es läßt sich nicht bestreiten, daß diese ganze Anlage viel Verlockendes bietet.

Wenn sie trotzdem bisher nur selten Verwendung findet, so dürfte das im wesentlichen an der Tatsache liegen, daß sie naturgemäß teurer ist als der direkte Motorantrieb, aber es ist in dieser Hinsicht nach Ansicht des Verfassers kaum schon das letzte Wort gesprochen.

Besonders für größere Reise-Yachten, die auch für lange Reisen mit Segelhilfe rechnen, sind hier Möglichkeiten gegeben, die noch nirgends ausgenützt sind.

KAPITEL V.
Die Pflege des Motors.

Die ganze Konstruktion der modernen Motoren beruht auf dem Bestreben, eine vollständig automatische Einleitung und Durchführung der Arbeitsvorgänge im Motor, sowie weitgehende selbsttätige Versorgung des Motors mit den notwendigen Betriebsmitteln, wie Betriebsstoff (Benzin, Petroleum usw.), atmosphärischer Luft und Schmieröl, durchzuführen. Die Arbeit eines einmal gut funktionierenden Motors kann also nur durch äußere Einflüsse irgend welcher Art gestört werden, wenn man von den Einwirkungen durch den natürlichen Verschleiß der einzelnen Teile absieht, die bei sachgemäßer Pflege des Motors und der Güte des heut allgemein zur Verwendung gelangenden Materials nur sehr langsam eintreten. Wohl die große Mehrzahl aller vorkommenden Betriebsstörungen sind auf unrichtige Behandlung des Motors und seiner ganzen dazugehörigen Anlage zurückzuführen, allerdings gibt es auch auf diesem Gebiet minderwertige Fabrikate. Schon, weil es Leute gibt, die immer und unter allen Umständen „billig" kaufen müssen.

Im übrigen muß man seinen Motor kennen, und sollte nicht übersehen, daß Instruktion und Beschreibung, die jede Fabrik ihren Motoren mitgibt, gelesen werden müssen, wenn man Nutzen aus ihnen ziehen will.

Während seines Arbeitens kann man sich, wie schon angedeutet, auf eine allgemeine Kontrolle des Motors beschränken, und für den erfahrenen Führer besorgt dies, ohne daß er dadurch in seiner sonstigen, etwaigen Beschäftigung gestört würde, das Ohr, das sofort merkt, wenn irgend etwas in dem gleichmäßigen Arbeitstakt der Maschine nicht so klingt, wie gewöhnlich. Tatsächlich wird derartiges aber bei guten Maschinen nur vorkommen, wenn entweder ein, der Maschine nicht zusagender Brennstoff verwendet wird (was sich auf verschiedene Weise äußern kann), oder aber, die Pflege nach der Arbeit verabsäumt worden ist, die jede Maschine, auch der beste und solideste Motor verlangen kann.

Kapitel V

So darf man nicht vergessen, daß Petroleum oder Spiritus im Brennstoff leicht zu Ablagerung von Ruß oder schädlicher Säure führt. Es wird dies Uebel behoben, wenn man die Maschine zum Schluß einige Minuten mit reinem Benzin laufen läßt. Auch soll man nach Beendigung der Fahrt Ordnung schaffen, die Maschine von überflüssigem Fett säubern, den Druck vom Betriebsstoffbehälter abblasen und die Leitungsventile (auch den Bodenhahn der Kühlwasserleitung!) schließen und die Kompressions- und Entwässerungshähne öffnen usw.

Besonders zu achten ist gerade beim Bootsmotor auf gute und sorgfältige Schmierung, die, soweit sie automatisch erfolgt, regelmäßig auf gutes Arbeiten zu kontrollieren ist. Einen Anhalt für die nicht selbsttätige Schmierung gibt folgende Tabelle.

Es erhalten unter der Voraussetzung des täglichen Gebrauchs:

Motorteil	Ölart	
Kurbelkasten	Mitteldickes Zylinderöl	Nach 20–30 Betriebsstunden auffüllen
Ventilstößel	Maschinenöl	Täglich einmal
Ventilstengel	„	„ „ einige Tropfen
Pumpenwelle	„	„ „
Magnetantriebswelle	„	„ „
Pumpenkolben	Staufferfett	1 Drehung der Staufferbüchse täglich
Magnetlager	Dynamoöl	Einmal monatlich einige Tropfen
Andrehkurbel	Maschinenöl	Einige Tropfen wöchentlich
Zünd- und Gashebel	„	„ „ „
Wendegetriebe	Schwerflüssiges Öl mit Petroleum	Alle 14 Tage
Lederkupplung	Rizinusöl oder Klauenfett	Nur selten
Metallkonuskupplung	Maschinenöl	Nur wenig, wenn Kupplung schlecht losläßt
Lamellenkupplung	Schweres Öl mit Petroleum oder Petroleum mit etwas Graphit	Wöchentlich
Stevenrohr-Stopfbüchse	Staufferfett	2–3 Drehungen der Staufferbüchse wöchentlich

Im übrigen ist es natürlich Uebungssache, wenn man bei jeder Unregelmäßigkeit in der Arbeit des Motors sofort deren Ursache und Bedeutung für den Betrieb erkennen will, da sich die verschiedenen Ursachen oft in der gleichen oder ähnlichen Weise äußerlich bemerkbar machen. Störungen der Zündung, der Vergasung, der Kühlung,

Die Pflege des Motors

der Ventile und der Schmierung kommen am häufigsten vor, und sind jedenfalls im Zweifelsfalle zuerst anzunehmen. Im übrigen sei der Anfänger besonders vor dem übereilten Auseinandernehmen von Teilen des Motors und seiner Nebenapparate gewarnt. Eine Demontage von unberufener Hand kann sehr verhängnisvoll für die Maschine werden.

Ganz besonders gilt dies für einen etwa vorhandenen **Magnetapparat**, der keinesfalls weiter auseinandergenommen werden sollte als die mitgegebenen Instruktion dies gestattet. Uebrigens sind die Ursachen der meisten Zündungsstörungen **nicht** im Magnetapparat selbst, sondern sind in schlechter Isolierung oder falschem Schluß der Kabel, usw., oder in einem vorübergehenden (Verrußen) oder gänzlichen Unbrauchbarwerden der Kerzen begründet.

Wohl die bekannteste Form, in der sich Unregelmäßigkeiten beim Motor anzumelden pflegen, ist das Klopfen oder Stoßen der Maschine. Es kann diese Erscheinung ihren Grund in **Frühzündung**, in **übermäßig reichem Gasgemisch** oder in einem **ausgelaufenen Kolben- resp. Kurbellager** haben. Frühzündungen machen sich durch besonders heftige Stöße bemerkbar. Fortpflanzungen von Explosionen nach dem Vergaser machen sich durch Knallen an den Luftöffnungen des Vergasers bemerkbar und deuten auf falsche Zündung oder falsch gesteuerte Einlaßventile hin. Ein loses resp. ausgelaufenes Lager im Kolben oder am Kurbelzapfen kann man bei angehaltenem Motor durch Hin- und Herdrehen des Schwungrades bei offenen Kompressionshähnen leicht feststellen. Sind weder Frühzündungen, noch ausgelaufene oder zu viel Spiel besitzende Lager zu entdecken, so wird die Ursache des Klopfens wahrscheinlich in der Vergasung liegen. Während der Motor läuft, kann man die Vergasung nach der Färbung der Stichflamme beurteilen, welche bei jeder Explosion aus dem, zu dieser Kontrolle zu öffnenden Kompressionshahn herausschlägt. Eine **rote** Farbe deutet auf ein **regelrechtes** Gasgemisch hin, während ein **zu reiches** Gemisch durch eine **orange** oder **gelbe** Farbe, ein zu **armes** Gemisch durch eine **fahle, blaue** Flamme gekennzeichnet ist. Verändert sich die Farbe der Flamme von Zeit zu Zeit, so ist daraus auf unregelmäßiges Arbeiten des Vergasers zu schließen.

Nach der Farbe der Flamme kann man also feststellen, ob daß Stoßen im Zylinder von zu reichem Gasgemisch herrührt. Man gebe dann mehr Luft oder vermindere die Zufuhr des Betriebsstoffes.

Undichte Kolbenringe vermindern die Kompression und lassen einen Teil des Gasdruckes für die Arbeit verloren gehen. Sie stören überhaupt die Arbeitsweise des Motors erheblich, und man hat diesem Motorteil seine ganze Aufmerksamkeit zu schenken. Undichte Kolbenringe lassen sich erkennen durch dunklen Rauch, der aus den Entlüftungsrohren des Kurbelkastens aufsteigt.

Undicht kann auch die Führung der beweglichen Elektrode der Abreißzündung in der Zylinderwandung werden, was an auspuffenden kleinen Rauchmengen an der betreffenden Stelle erkenntlich ist.

Häufige Fehlzündungen haben, wenn die Zündung selbst in Ordnung ist, weiter ihren Grund in der unpassenden Lage der Zündstifte resp. Kerzen im Zylinder. Zur Unregelmäßigkeit in der Zündung neigen manchmal die Motoren mit einem sogenannten Zündkanal, wie man einen kleinen Zylindernebenraum bezeichet, in welchem sich die inneren Zündorgane befinden. Diese Organe sollen so liegen, daß sie stets von frischen Gasen umspült, möglichst gut gekühlt werden und gegen das Eindringen von Schmieröl geschützt sind.

Daß auf jedem Motorboot die erforderlichen Werkzeuge usw. vorhanden sein müssen, um etwaige Arbeiten sachgemäß durchführen zu können, sollte eine Selbstverständlichkeit sein. Auf kleinen Fahrzeugen fehlt es aber nach dieser Richtung hin nicht selten an manchem, und noch häufiger ist das wirklich vorhandene nicht zur Hand oder in recht fragwürdigem Zustand. Es muß zugegeben werden, daß größere, gedeckte Fahrzeuge in dieser Hinsicht von vornherein besser daran sind. In dem hier vorhandenen abgesonderten Maschinenraum — der zweckmäßigerweise stets durch dichte, feste Schottwände ganz von den übrigen Räumen getrennt wird — findet sich bequem Platz für ein reichliches Werkzeug-Inventar, dem meist sogar eine kleine Werkbank für besondere Arbeiten angegliedert werden kann.

Immerhin läßt sich, wie jeder Motorradfahrer dem Adepten auf diesem Gebiet sagen kann, das notwendige Werkzeug in einer bequemen, handlichen Tasche unterbringen, die klein genug bleibt, um bei ganz offenen Booten im Motorkasten untergebracht zu werden. —

Wesentlich zur Pflege des Motors wie des ganzen Bootes gehört sodann das Sauberhalten der Bilge, also des Raumes unter den Fußbodenbrettern, bezw. besonders unter dem Motor.

Besondere Beachtung sollte dabei, wie schon gesagt, der **Anlage der Brennstofftanks sowie der Zuleitungsröhren** gewidmet werden, die auch recht häufig zu Störungen Anlaß geben und in schlechtem Zustand eine erhebliche Gefahr bedeuten.

Es muß gesagt werden, daß in dieser Hinsicht noch recht häufig gesündigt wird. Vor allen Dingen ist darauf zu achten, daß die unvermeidlichen Lötstellen der Brennstoff-Zuleitungsröhren von Zeit zu Zeit nachgesehen und auf ihre Unversehrtheit geprüft werden können, und daß, wie schon gesagt, durch reichliche Längenbemessung der Röhren unbedingt vermieden wird, daß sie durch das Arbeiten des Schiffskörpers im Seegang beansprucht werden können, was auf die Dauer stets zu Leckagen führt. Weitaus die meisten Unfälle und Brände (die an sich übrigens recht selten und bei genügender Sorgfalt durchaus vermeidbar wären) sind auf das Konto schlecht angelegter, undicht gewordener Zuleitungsrohre zu setzen. Abgesehen davon, daß es natürlich immer auch Herren geben wird, die ausgerechnet beim Benzineinfüllen oder bei Vergaseruntersuchungen rauchen müssen. Im übrigen gehört ein guter Löschapparat natürlich zum unerläßlichen Inventar, ebenso eine elektrische Lampe zur Beleuchtung des Motors bei etwaigen Arbeiten in der Dunkelheit.

Im übrigen kann nicht eindringlich genug vor der, besonders in motorbootsportlichen Kreisen verbreiteten Anschauung gewarnt werden, nach der ein **Stahlboot als besonders feuersicher** angesehen wird. Meist geht diese Ansicht mit der anderen Hand in Hand, daß man auf einem solchen „feuersicheren" Boot besonders leichtfertig sein dürfe.

Tatsächlich steht diese Feuersicherheit — selbstverständlich — auf recht bedenklich schwachen Füßen, und wenn man auch die Gefahr eines Brandes (vernünftige Handhabung des Ganzen vorausgesetzt) um so weniger zu hoch einsetzen darf, als die modernen Löschapparate auch mit Benzinbränden fertig werden, so ist Vorsicht doch immer geboten. Es sollte also zunächst einmal, bei Beobachtung dieser selbstverständlichen Vorsicht Feuer an Bord gar nicht entstehen können. Kommt es aber dennoch dazu und ist der Brand nicht mit Bordmitteln im Entstehen zu löschen, so kann der stählerne Bootskörper als solcher allerdings nicht „verbrennen", wohl aber, wie in einer Feuerpfanne alles Holz der Einrichtung, Brennstoff, Inventar usw., und bei einem wirklich ernsten Brande, der viel derartige Nahrung findet, wird dabei naturgemäß der unverbrennbare Rumpf in sich derartig ausgeglüht, daß auch mit ihm kaum noch etwas anzufangen sein dürfte. —

KAPITEL VI.
Betriebs-Störungen.

Betriebsstörungen bei Motoren, deren Besitzer auf diesem Gebiet Anfänger sind, oder eine Beschäftigung mit dieser Materie — besonders nachdem man dank dem elektrischen Anlasser „nur auf den Knopf zu drücken" braucht — für unangebracht halten, haben oft seltsame Ursachen. Wenn in der folgenden, kleinen Zusammenstellung von Störungen, ihren Ursachen und Abhilfen an erster Stelle der geschlossene Benzinhahn als Ursache für ein Nichtanspringen des Motors angegeben ist, so ist das, wie jeder Fachmann weiß, wirklich kein schlechter Witz. Dies, oder ganz ähnliche Dinge sind viel häufiger als der Laie glauben mag die Ursache einer Störung, und der Verfasser erinnert sich mit besonderem Vergnügen einer Episode aus dem Felde, bei der — — — ein in den Benzintank eines Wagens geschlüpfter Gummi-Füllschlauch diese Störungsrolle spielte. Der Fahrer, kurz vor seiner Ablösung stehend als das Unglück geschah, hatte das Ganze schamhaft verschwiegen, und es haben wohl ein halbes Dutzend Fachleute lange im Schweiß ihres Angesichts vergeblich zu ergründen versucht, warum der ausgezeichnete Wagen von Zeit zu Zeit einfach stehen blieb.

Häufige Störungen und ihre Abstellung.

Störung	Ursache	Abhilfe
Motor springt nicht an	Geschlossener Benzinhahn Kein Zündungs-Kontakt Keine Gemischbildung[1]	Benzinhahn öffnen Zündleitungen anschließen Luftzuführung regeln
Frühzündungen	Falsche Einstellung der Zündfolgen Zu starke Kompression schlechte Kühlung	Zündung regulieren Kolbenboden und Ventilteller reinigen[2]
Explosionen in der Auspuffleitung	Gase in der Leitung (undichte Auslaß-Ventile)	Ventil nachschleifen (Feder)

[1] Als weiter mögliche Ursachen wären noch zu erwähnen:
 a) Wasser im Brennstoff.
  Abhilfe: Brennstoff aus dem Vergaser ablassen; cirka ¼ Liter Flüssigkeit (Wasser und Brennstoff) aus dem Brennstofftank abfließen lassen.
 b) Zu kalte Witterung.
  Abhilfe: Heißes Wasser in die Kühlanlage; Einspritzen von Brennstoff in die Kompressionshähne.

[2] Zu hohe Kompression liegt sicher vor, wenn der Motor nach Abstellen der Zündung weiterläuft.

Betriebs-Störungen

Störung	Ursache	Abhilfe
Stöße im Motor	Frühzündungen[1]) Zu reiches Gasgemisch[2]) Ausgelaufenes Kolben- oder Kurbellager[3])	Zündung regulieren Gemischzuführung regulieren —
Rauch aus dem Kurbelkasten	Undichte Kolbenringe	—
Motor bleibt stehen und läßt sich schwer oder garnicht durchdrehen	Festfressen der Kolben infolge ungenügender Kühlung und Schmierung	Petroleum in die Zylinder, 24 Stunden Ruhe, auf Beschädigungen prüfen
Motor setzt zeitweise aus	Düse verstopft Festsitzende Ventile	Düse reinigen Ventile mit Petroleum abreiben und ölen
Zündungsstörungen	Kurzschluß im Magnetapparat Schlechte Isolierung der Kabel Versagen der Kerze	S. d. mit jedem Zündapparat mitgelieferten Beschreibung und Anleitung der Fabrik Kerze herausnehmen und reinigen oder ersetzen
Vergasungsstörungen	Düse verstopft Wasser im Brennstoff Zuleitung verstopft oder undicht	—
Kühlungsstörungen	Eindringen von Fremdkörpern in die Leitung Leckagen in der Leitung Bruch der Pumpe	— Prov. mit Isolierband etc. dichten —

[1]) Zeichen: Knallen an der Luftöffnung des Vergasers
[2]) Kompressionshahn öffnen { rote Flamme richtiges / gelbe Flamme zu reiches / blaue Flamme zu armes } Gemisch
[3]) Hin- und Herdrehen des Schwungrades bei angehaltenem Motor.

* * *

Von weiter gelegentlich vorkommenden Betriebstörungen seien noch die folgenden besonders aufgeführt und besprochen:

1. Der Motor qualmt und geht unregelmäßig.

a) Ursache: Zuviel Brennstoff infolge leck gewordenen Schwimmers.
  Abhilfe: Auswechseln des Vergaserschwimmers.

b) Ursache: Zuviel Brennstoff infolge eines Fremdkörpers im Sitz der Schwimmernadel. (In diesem Fall läuft der Vergaser trotz anscheinend geschlossener Schwimmernadel über.)
  Abhilfe: Schwimmernadel herausnehmen, Reinigen derselben.

c) Ursache: Mängel in der Schmierung, zuviel und ungeeignetes Oel.
Abhilfe: Oelstand kontrollieren, geeignetes Oel verwenden.

d) Ursache: Ein Zylinder setzt aus infolge fehlerhafter Zündkerzen.
Abhilfe: Zündkerzen reinigen bezw. auswechseln. — Um den aussetzenden Zylinder festzustellen, lasse man den Motor mit 300 bis 400 Touren in der Minute laufen. Darauf schließe man der Reihe nach je eine Zündkerze mittels eines Schraubenziehers durch Verbindung der Kabelklemmschraube mit dem Kerzenkörper bzw. Zylinderblock kurz. (Zum Schutze muß der Schraubenzieher ein Holzheft aufweisen.) Findet man bei dieser Prüfung eine Kerze, nach deren Kurzschließen der Motor in der Tourenzahl nicht zurückgeht, so ist dies die schadhafte Kerze und muß ausgewechselt werden.

2. **Motor wird zu warm und läuft nicht mit voller Kraft.**

a) Ursache: Mängel in der Schmierung.
Abhilfe: Schmierung nachsehen.

b) Ursache: Mängel in der Kühlung, Verstopfung der Kühlleitung, Kühlpumpe saugt nicht.
Abhilfe: Verstopfung beseitigen, Kühlpumpe untersuchen und reinigen sowie Oelen. — Nie Motor ohne Wasser laufen lassen, da sich sonst die Zylinderwände derart erhitzen, daß ein Festfressen der Kolben und andere große Beschädigungen auftreten können. Hat trotzdem der Motor ohne Kühlung gearbeitet, so darf erst dann Kühlwasser eingefüllt werden, wenn sich der Motor abgekühlt hat, da sonst die Zylinder springen.

c) Ursache: Kompressionsverluste; Motor läßt sich sehr leicht drehen und sind zischende Geräusche wie von ausströmender Luft hörbar.
Abhilfe: Behebung der Undichtigkeiten bei Ventilen, Ventilverschraubungen und Zischhähnen.

d) Ursache: Kompressionsverluste durch zerbrochene Kolbenringe. Gas tritt an den Ringen vorbei in das Kurbelgehäuse.
Abhilfe: Kolbenringe auswechseln.

* * *

Bei Frostwetter ist darauf zu achten, daß bei längeren Betriebspausen das Kühlwasser nicht einfriert. Man lasse das Wasser entweder ab oder drehe den Motor ab und zu an, damit das Wasser warm

Betriebs-Störungen

bleibt. Wenn über Nacht der Eintritt von Frost befürchtet wird, ist das Wasser aus dem Zylinderblock durch den am Zylinderblock angebrachten Hahn und aus den Leitungen sowie aus der Pumpe zu entfernen, da sonst der Zylinderblock, Pumpe und Leitungen infolge der Eisbildung zerspringen. —

Wie schon an anderer Stelle gesagt wurde, ist das schnelle und sichere Finden von Störungen, die bei Gewährung der erforderlichen Pflege meist leichter Natur sein werden, Sache einer gewissen Uebung, die nur durch die Praxis erworben werden kann. Im übrigen sollte derjenige, der mit der Maschine arbeiten soll — sei es nun der Eigner selbst, oder ein Bootsmann — sich in der Fabrik genau mit allen Einzelheiten des betreffenden Motors vertraut machen. Es ist nicht damit getan, daß man sich beim Kauf mit dem Besitz der Fabrikgarantie begnügt, denn, ganz abgesehen davon, daß sie nicht für Schäden gilt, die durch eigene, unsachgemäße Handhabung eintreten, kann keine Garantie dafür entschädigen, daß das Boot gerade dann nicht betriebsfähig ist, wenn es gebraucht werden soll.

KAPITEL VII.
Außenbord-Motoren.

Der Außenbordmotor hat es besonders bei uns nicht eben leicht gehabt, sich die Stellung zu erobern, die er ohne Frage verdient, trotzdem doch zweifellos der diesen Konstruktionen zugrundeliegende Gedanke mindestens da sehr verlockend erscheint, wo der Motor in erster Linie als Hilfsmaschine in Betracht kommen soll. So vor allen Dingen bei unsern s p o r t l i c h e n W a n d e r s e g l e r n. Wenn auch die Herren aus diesen Kreisen, die jeden Motor als grundsätzlich unsportlich von vornherein ablehnen zu müssen glauben, heut wohl stark in der Minderheit sind — wir sind eben nicht alle so unbeschränkte Herren unserer Zeit, daß die Möglichkeit, über eine lange Flaute wegzukommen, gar keine Rolle spielen könnte —, so stehen doch sehr viele dem Motor mit stark gemischten Gefühlen gegenüber.

Wenn und soweit das Vorhandensein einer motorischen Hilfe hier auch durchaus wünschenswert erscheint, erschwert der Gedanke an die Schwierigkeit des Einbaues und die Beeinträchtigung des Innenraumes und der Segeleigenschaften den endlichen Entschluß oft ganz erheblich. Die Aussicht, diese Hilfe ohne solche, wirklichen oder vermeintlichen Nachteile erlangen zu können, mußte also des Interesses weiter Kreise sicher sein, zumal der Außenbordmotor sogar auch für das Regattaboot und für die kleinste Jolle möglich ist.

Den ersten brauchbaren Apparat dieser Art hat unseres Wissens die bekannte Motorenfirma C u d e l l hier auf den Markt gebracht. Ein kleines Motoren-Aggregat auf langer Stange, an deren anderem Ende die Schraube sitzt. Das ganze wird wie ein Wrickriemen in einer Gabel über das Heck gesteckt, und ebenso leicht wieder abgenommen. Abgesehen von etwaigen Vorzügen oder Nachteilen des Motors an sich hat die Anordnung als solche zweifellos den unbestreitbaren Vorzug, denkbar leicht und schnell an- und abmontiert werden zu können. Die verschiedenen, im Aussehen wohl gefälligeren, modernen Systeme, bei denen die Schraube (meist mit Hilfe einer Gelenkwelle oder durch Zahnrad-Uebertragung betätigt) senkrecht unter dem Motor sitzt, müssen selbstverständlich jedesmal durch Schrauben am Heck befestigt werden und erfordern, wo kein Spiegelbrett vorhanden ist, evtl. sogar das Anbringen einer besonderen Einrichtung für diesen Zweck. Nicht zu leugnen ist allerdings, wie gesagt, daß sie meist besser aussehen.

Trotzdem stand man dieser Erscheinung im Anfang sehr mißtrauisch gegenüber, aber es ist wohl nicht zu verkennen, daß sich in dieser Hinsicht vieles geändert hat. Allerdings auch in bezug auf die Qualität der Außenbordmotoren selbst, und man darf ruhig sagen, daß das auch heut noch bei vielen Laien vorhandene Mißtrauen gegenüber der Leistungsfähigkeit des Außenbord-Motors und seiner kleinen Maschine durchaus unberechtigt ist. Besonders in den letzten Jahren ist der Kleinmotor, der als Fahrrad-Hilfsmotor ja noch erheblich geringere Abmessungen besitzt, ganz außerordentlich hoch entwickelt worden und die guten Maschinen dieser Art sind selbst dem Dauerbetrieb als „Motor"-Boot nach jeder Richtung hin gewachsen.

Es ist übrigens vielleicht nicht ohne Interesse, daß die alte Cudell-Motorschraube neuerdings in Amerika zu neuem Leben erweckt worden ist.

Die Caille-Perfection Motor Co., Detroit, Michigan, hat vor einigen Jahren eine derartige Einrichtung wieder herausgebracht und mit allen erdenklichen Neuerungen der übrigen Anhängemotoren, wie doppelten Zylindern, dicht hinter dem Motor abnehmbarer Welle, Bosch-Magnet usw., modern und hübsch ausgestattet.

Es ist aber kaum anzunehmen, daß die Konstruktion gegen die jetzt allgemein gewordenen Formen Boden gewinnen kann. Im übrigen ist die zur Zeit zweifellos interessanteste Außenbord-Motorkonstrution — leider — gleichfalls in Amerika heimisch. Es ist der im folgenden Abschnitt noch eingehender und an Hand von Abbildungen besprochene „Elto"-Anhängemotor.

Der Apparat ist, wie der erste Motor dieser Art überhaupt eine Schöpfung Evinrudes und zwar handelt es sich hier um einen Zweitaktmotor von 57 mm Bohrung und 51 mm Hut, der bei 1400 minutlichen Umdrehungen 3 PS. leistet. Von kleinen Einzelheiten verdient ein besonderes Ruder, wie das ganze Gehäuse des vollkommen eingekapselten Apparates, aus Aluminium hergestellt, Erwähnung. Es kann mittels Seilübertragung von jeder Stelle des Bootes aus bedient werden und gibt dadurch, daß man es feststellen kann, beim Alleinfahren beide Hände zum Arbeiten frei. Das Interessanteste ist aber die in diesem Ruder angeordnete „Propeller"-Wasserpumpvorrichtung, die das Kühlwasser unmittelbar zu den Zylindern führt, ohne dafür eine besondere Wasserpumpe zu benötigen. Der Rückdruck des Propellers treibt das Kühlwasser durch zwei Kanalöffnungen in die Kühlwasserleitung, die zu den Motorzylindern führt, aus denen das Kühlwasser wieder durch zwei kleine Wasserleitungen abgeführt wird, so daß die gesamte Kühlanlage des Motors nur aus einer zu- und abführenden Wasserleitung, ohne zwischengeschaltete Pumpe, Ventile oder dergleichen, besteht, wodurch der Motor eine sehr einfache Bauart bezüglich der Kühlwasseranlage aufweist.

Man kann den Motor, ohne ihn vom Boot loszumachen, hochklappen und so an den flachsten Ufern landen, zumal er, wenn er auf Widerstand stößt, selbständig nach hinten pendelt.

Wer nun seinen Motor nicht im Boot oder in der Nähe seines Liegeplatzes lassen kann und ihn jedesmal irgendwo unterstellen oder mit nach Hause nehmen muß, kann sich einen von Elto ebenfalls zu beziehenden passenden und sehr praktischen Transportbehälter erstehen, in welchem der Motor sehr leicht getragen werden kann und in welchem er vollständig geschützt gelagert ist, und es ist dies eine der kleinen Einzelheiten, in denen uns die amerikanische Industrie so unendlich überlegen ist. — Der Transportkoffer ist die beste Propaganda, die für den Motor erdacht werden konnte, und nächstdem — — ist er wirklich praktisch. —

Der Elto-Motor wird auch als Innenbordeinbaumotor auf denselben konstruktiven Grundlagen ausgeführt.

Eine besondere Art der Unterbringung des Außenbordmotors an Bord stellt der neue sogenannte Schachtmotor dar, bei dem das ganze Aggregat in einem im Bootsinnern aufgebauten, durch den Boden hindurch reichenden Schacht arbeitet.

Für den Motor bedeutet dies entschieden eine Verbesserung, — für das Boot zum mindesten eine Komplizierung (und mithin Verteuerung) des Baues, und es ist selbstverständlich zu beachten, daß nicht durch den Schacht eine Schwächung der Verbände herbeigeführt wird.

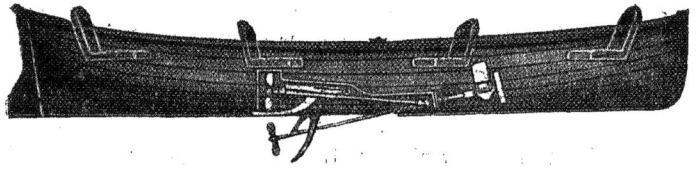

Abb. 12. Amerikanische Motor-Jolle mit aufholbarer Schraube.

Im übrigen sei schließlich der Vollständigkeit halber noch auf einen andern Versuch, das Problem des kleinen Hilfsmotors zu lösen, hingewiesen, der in Abb. 12 wiedergegeben ist. Wie die Abbildung unmißverständlich zeigt, steht der — hier sehr kleine, nur 3 PS leistende — Einzylindermotor fest im Boot und die unter dem Fahrzeug liegende Welle ist um ein Gelenk klappbar, so daß sie bei Nichtgebrauch in einer Art Schwertkasten verschwinden kann. Auch hier ist selbstverständlich zu beachten, daß der Verband des Fahrzeuges durch den durchbrochenen Kiel nicht geschwächt werden darf und, besonders bei nachträglichem Einbau in ein gegebenes Boot, eventuell Verstärkungen notwendig werden.

KAPITEL VIII.
Typen moderner Boots-Motoren.

Mit der wachsenden Bedeutung des Bootsmotors hat naturgemäß auch die Zahl der Fabriken, die sich diesem Sonderzweig des Motorenbaues widmen, sehr erheblich zugenommen. So erheblich, daß eine vollkommen lückenlose Aufführung auch nur der deutschen Typen den hier verfügbaren Raum ganz erheblich überschreiten würde.

Immerhin war es, wie schon im Vorwort betont, mit in erster Linie der Zweck dieses kleinen Werkes, dem Interessenten einen zeitgemäßen Ueberblick über den Stand der Technik auf diesem Gebiet in die Hand zu geben und das bedingte die Aufführung wenigstens der gangbarsten und konstruktiv in irgendeiner Form hervortretenden Typen in Wort und Bild.

Was die Reihenfolge angeht, so erschien es um so mehr geboten, die alphabetische Folge einzuhalten, als nach dem allgemeinen Stande der modernen Technik an sich gute Fabrikate im wesentlichen als untereinander gleichwertig zu betrachten sein dürften. Mängel haften dabei — absolut gesehen — jeder Maschine, wie jedem Werk von Menschenhänden an, und die Konstruktion auch eines Motors wird nach vieler Richtung hin immer ein Kompromiß bleiben, bei dem neue Vorzüge meist auch neue — nach Ansicht des betreffenden Konstrukteurs natürlich weniger schwerwiegende — Mängel bedingen.

D i e Ideal-Maschine schlechthin ist auch der moderne Motor noch nicht, und man wird daran zweifeln dürfen, daß es gelingt, dies Ziel überhaupt zu erreichen.

*   *   *

I. Atos-Bootsmotoren.

Der, von der Firma Atos-Motorenbau, Berlin, hergestellte Atos-Motor ist eine Spezial-Bootsmaschine von 8 bis 10 PS. Leistung bei 800 bezw. 1200 minutlichen Umdrehungen. Die sorgfältige Durchbildung aller Konstruktionsteile verbürgt für zuverlässigen Gang, wirtschaftlichen Verbrauch der Betriebsstoffe und eine relativ hohe

Literleistung. Neben einer spezifisch geringen Bauhöhe und Baulänge finden alle bewährten, betriebstechnischen Neuerungen bei ihm Anwendung, wobei ein großer Teil der im Flugmotorenbau gemachten reichen Erfahrungen bei diesem neuen Motor angewandt wurde. —

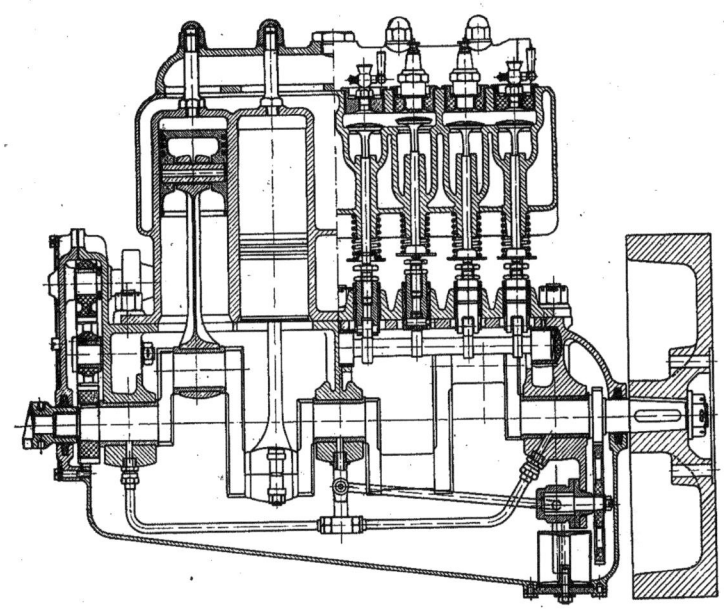

Abb. 13. Längsschnitt des „Atos"-Bootsmotors.

Der Atosmotor ist ein Vierzylinder, im 4-Takt arbeitender Verpuffungsmotor. — Der Hub der Maschine beträgt 98 m/m, die Bohrung 68 m/m. Die für den Bau des Motors zur Verwendung gelangenden Materialien sind auf das sorgfältigste ausgewählt. Die Bearbeitung des Materials erfolgt auf neuzeitlichen Spezialmaschinen mit besten Werkzeugen und modernen Meßgeräten. Durch peinlichste Kontrolle ist genaues Passen und leichte Auswechselbarkeit aller Teile gewährleistet.

Das Kurbelgehäuse besteht aus Ober- und Unterteil, die öldicht miteinander verschraubt sind. Zur Aufhängung im Rahmen besitzt das Oberteil anschraubbare Tragarme. Die reichlich bemessene, aus hochwertigem Stahl hergestellte Kurbelwelle ist im Oberteil in Weißmetallagern dreifach gelagert, so daß man, ohne den Motor zu demontieren, das als Oelwanne ausgebildete Unterteil abnehmen kann.

Kapitel VIII

Kurbelgehäuse und Oelwanne sind aus Aluminium hergestellt, desgleichen sämtliche Lagerdeckel. Die Zylinder sind in einem Block zusammengegossen und aus besonders geeignetem Gußeisen hergestellt. Die Aus- und Einlaßventile, die sämtlich an der einen Seite stehend angeordnet sind, sind gesteuert und verleihen, da sie reichlich bemessen sind, dem Motor eine möglichst hohe Leistung. — Die Ventilstößel sind nachstellbar, so daß die natürliche Abnutzung dieser Teile stets leicht ausgeglichen werden kann. Ventile und Stößel sind durch einen abnehmbaren Deckel eingekapselt, wodurch das Eindringen von Staub verhindert und das entstehende Geräusch bis auf ein Minimum reduziert wird. — Der Zylinderblock ist mit dem Gehäuse durch 6 Stahlschrauben verbunden, die durch das Gehäuse-Oberteil gehen und zugleich zur Befestigung der Kurbelwellenlagerdeckel dienen. Es treten durch diese Art der Befestigung nur geringe Materialbeanspruchungen im Gehäuse-Oberteil auf.

Die Zündung erfolgt mittels Bosch oder Eisenmann - Hochspannungs-Zündapparat mit Zündmomentverstellung. Diese verlangt zwar eine größere Sachkenntnis und Aufmersamkeit in der Bedienung, verleiht jedoch dem Motor dafür eine etwas größere Anpassungsfähigkeit. — Der Antrieb des Magnetes sowohl als auch der Steuerwelle erfolgt durch sehr breit gehaltene Stirnräder, von der Kurbelwelle aus. Der Magnetapparat ist durch Lösen einer Schraube sehr leicht abzunehmen. — Sämtliche Räder liegen in Aluminium-Radkästen. Als Vergaser kommt der Pallas, Zenith oder H.B.-Vergaser zur Verwendung. Der Vergaser ist auf der Ventilseite des Motors angeordnet und ist ohne jedes Rohrzwischenstück mit dem Zylinderblock verbunden. —

Besonders großer Wert ist auf die Schmierung des Motors gelegt. Setzt bei Motoren die Schmierung aus, so sind Zerstörungen an wichtigen Maschinenteile die Folge. Die Schmierung des Atosmotors ist eine kombinierte Druck- und Spritzschmierung, wie sie sich unter anderen in den hochbeanspruchten Flugmotoren hervorragend bewährt hat.

Die Kolbenstangen sind aus hochwertigem Stahl hergestellt und haben Doppel-T-Querschnitt. Die Kolben sind aus Aluminium. Die Kühlung erfolgt durch Frischwasser, das von der Zahnradkühlwasserpumpe durch einen Seewasserhahn angesaugt, im Schlammsieb gereinigt und durch den Zylinderblock in die Auspuffleitung geleitet wird, um sich hier mit den Auspuffgasen zu vereinigen, das Auspuffgeräusch zu dämpfen und dann gemeinsam mit den Auspuffgasen außenbords abgeführt zu werden. Die Bronze-Zahnradkühlwasserpumpe wird von der Steuerwelle angetrieben. Die Andrehvorrichtung ist normal am vorderen Ende des Motors, die Eingriffsklaue wird mit dem Fuß betätigt. Das Wendegetriebe schließt sich unmittelbar an den Motor an. Es handelt sich um ein Doppelkonus-Wendegetriebe mit Kugeldrucklager, das den Propellerschub aufnimmt und die Kurbelwelle gegen achsiale Verschiebung sichert. — In ausgekuppeltem Zustande ist der

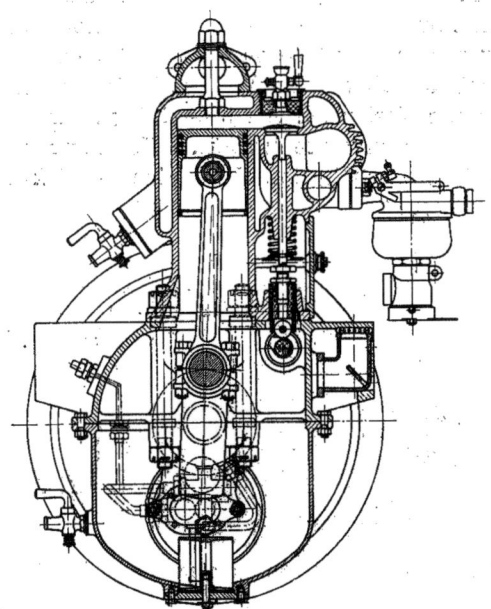

Abb. 14. „Atos"-Motor im Querschnitt.

Kupplungshebel in einer Raste gesichert und wird durch einen Hebeldruck ausgelöst. — Bei Fahrt voraus wird nun der Kupplungshebel nach Lösen der Raste nach vorn gedrückt, die Konuskupplung greift in den Innenkonus der vorderen Konusscheibe und dreht in gleicher Richtung die Propellerwelle und den Propeller. Der Propellervorschub bewirkt dabei den erforderlichen Kupplungsdruck. — Bei Rückwärtsfahrt wird der hintere Kupplungskonus in den Innenkonus des feststehenden Getriebegehäuses gedrückt, das Differentialgehäuse wird abgebremst und dadurch mittels der innenliegenden Kegelräder die Umkehrung der Drehrichtung der Schraubenwelle erzeugt. Die

Wellenleitung wird am Getriebeflansch angekuppelt. Der Wellendurchmesser beträgt in normalen Fällen 25 mm, der dreiflügelige Propeller aus Bronze erhält einen Außendurchmesser von 350 m/m bei 350 m/m Steigung. —

* * *

II. Der Bayernbootsmotor.

Der 45/60 PS-Bayernbootsmotor stellt ohne Zweifel einen wesentlichen Fortschritt auf dem Gebiete des Bootsmotorenbaues dar, da er in bezug auf geringen Brennstoffverbrauch alle bisherigen Vergasermaschinen erheblich übertrifft. Während die besten Motoren ähnlicher Bauart einen Verbrauch von 260—320 g aufweisen, garantieren die Bayerischen Motorenwerke für einen Höchstverbrauch von 220 g bei gutem Benzin bzw. 230 g Benzol für eine Pferdekraftstunde.

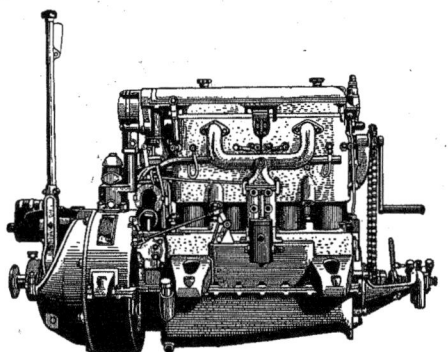

Abb. 15. Bayern-Bootsmotor, Vergaserseite.

Aeußerlich fällt am Bayernmotor sofort auf, daß alle Apparate, wie Vergaser, Zündung, Kühlung usw. außerordentlich geschickt der Gesamtkonstruktion eingefügt sind und daß das Wendegetriebe mit dem Kurbelgehäuse zusammengebaut ist, so daß auch die lästigen Aufbauschienen ganz wegfallen.

Gegenüber der sonst meist üblichen Anordnung, das Schwungrad mit Rücksicht auf die Bootskörperform am vorderen Ende des Motors anzuordnen, liegt das Schwungrad des Bayernmotors am hinteren Ende, und ist als Kupplung ausgebildet, so daß es in Verbindung mit dem sehr kräftigen Wendegetriebe eine gedrungene Bauart ermöglicht. Die fünffache Lagerung der Kurbelwelle bedeutet gegenüber der sonst meist üblichen dreifachen Lagerung eine wesentliche Verbesserung, weil die Lagerbelastung und damit die Abnutzung geringer gehalten werden kann.

Auch die Erfahrungen der Bayerischen Motoren-Werke im Flugmotorenbau sind bei diesem Bootsmotor verwendet worden. Er ist wie jene mit Aluminiumkolben ausgerüstet, wodurch die Massendrücke wesentlich vermindert und die Lager weniger beansprucht werden. Auch die Ausbildung der Schmierung, die bisher im Bootsmotorenbau oft genug Betriebsstörungen veranlaßt hat, ist im wesentlichen nach den Erfahrungen im Flugmotorenbau durchgebildet, sodaß keine Stelle am Motor mit der Hand nachgeschmiert zu werden braucht. Alle Lagerstellen erhalten Oel von zwangsläufig gesteuerten Kolbenpumpen.

Der Vergaser ist als Registervergaser ausgebildet. Die Luft wird durch das Kurbelgehäuse eingesaugt, kühlt dabei die Lager und das Oel, ohne mit dem Oel selbst in Berührung zu kommen, und führt so das fein verteilte Gemisch zu den Zylindern. Eine außerordentlich einfache Einrichtung ermöglicht den Vergaser mit einem einfachen Handgriff, ohne Veränderung der Düsen, für verschiedene Brennstoffe einzustellen, und durch die besonders günstige Anordnung von zwei Mischkammern wird erzielt, daß der Motor auch bei geringer Belastung das jeweils geeignete Gemisch erhält und mit geringem Verbrauch arbeitet.

Die Ein- und Auslaßventile, welche von der über den Zylindern liegenden Steuerwelle betätigt werden, sind sehr gut zugänglich, sobald der Verschlußdeckel mittels seiner zwei Handgriffe abgenommen wird und sind sonst vollkommen geschützt gegen fremden Eingriff, gegen Schmutz und gegen Wasser. Wie bei jedem guten Bootsmotor, so ist auch am Bayernmotor ein Regler vorgesehen, der die Drehzahl begrenzt und das Durchgehen des Motors verhindert. Die Bosch-Hochspannungszündung kann einfach oder doppelt eingebaut werden.

Das Andrehen von Bootsmotoren hat bisher fast bei allen Bauarten zu Klagen Anlaß gegeben. Deshalb sind beim Bayernmotor alle Maßnahmen getroffen, um das Anspringen des Motors sicherzustellen. Die Einspritzventile in der Saugleitung und an den Zylindern ermöglichen zündfertiges Gemisch einzuführen, damit schon nach wenigen Umdrehungen an der Andrehkurbel die Zündung einsetzt. Bei Anwendung der Bosch-Handanlaßmagnete wird das rasche Durchdrehen des Motors entbehrlich, weil der Zündfunken durch einige ganz leichte Umdrehungen an der Kurbel des Anlaßapparates erzeugt wird und den Motor in Gang setzt.

Bei neuzeitlichen Motorbooten wird meistens auch elektrische Beleuchtung verlangt, die eine unmittelbar am Motor anzubauende Lichtmaschine erzeugt. Dieselbe sorgt gleichzeitig durch Aufladen einer zugehörigen Batterie selbsttätig für den erforderlichen Anlaßstrom, der mittels des Anlaßmotors durch einfachen Druck auf einen Knopf den Motor in Betrieb setzt. Damit das Boot stets trocken bleibt, ist am vorderen Ende des Motors eine Lenzpumpe angebracht, die vom Bedienungsstande einrückbar ist und alles Bilgewasser aus dem Fahrzeug entfernt. Für Doppelschraubenboote kann der Motor ohne weiteres in Links- und Rechtsausführung mit gegenläufiger Drehrichtung geliefert werden.

Der Motor ist eine geeignete Type für Verkehrs-, Inspektions- und Luxus-Schnellboote, sowie für seegehende Motor-Yachten. Für Fahrzeuge geringerer Geschwindigkeit, wie Fähr-, Last- und Schleppboote, wird der Motor mit einem Untersetzungsgetriebe ausgerüstet, das die Schraubendrehzahl auf etwa 450 pro Minute herabsetzt.

* * *

III. Bolinder-Rohöl-Bootsmotoren.

Die Bolinder-Motoren haben lange Zeit hindurch insofern eine Art Monopolstellung behaupten können, als sie bis zum Gelingen der Konstruktion eines zuverlässigen Dieselmotors kleiner Leistung fast die einzigen Bootsmaschinen waren, die nicht mindestens Petroleum oder Spiritus als Betriebsstoff verlangten. Allerdings sind sie in Deutschland im Sport trotzdem nie heimisch geworden. Im wesentlichen wohl, weil sich immer Kritiker fanden, die gern von der Feuergefährlichkeit der „offenen" Heizflamme sprachen, ohne zu bedenken, daß eine größere Benzinmenge schon rein an sich mindestens ebenso „gefährlich" ist, wenn man derartige Möglichkeiten ins Auge fassen will. Im übrigen wiesen allerdings die älteren Konstruktionen auch ein sehr hohes Gewicht auf, das der Verwendung in kleinen, leichten Sportfahrzeugen, die lange Zeit bei uns die Hauptrolle spielten, entgegenstand. In Gebrauchsfahrzeugen (Fischerbooten usw.) sind die Bolinder-Motoren auch bei uns seit langem in Gebrauch.

Der Bolinder-Motor arbeitet nach dem Zweitaktsystem, wobei eine Arbeitsperiode in folgender Weise verläuft (s. hierzu Abb. 17.):

Wenn der Kolben (A) sich aus seiner untersten Lage nach der Explosionskammer hin bewegt, wird die zur Verbrennung bestimmte

Luft durch die Luftklappen (B) in das geschlossene Kurbelgehäuse (C) hineingesaugt, wobei gleichzeitig die im Zylinder (D) befindliche Luft komprimiert wird. Sobald der Kolben in seiner äußersten Lage angelangt ist, wird durch die Rohölpumpe eine Quantität Rohöl durch das Einspritzmundstück (F) direkt in die Explosionskammer (E) eingeführt, wobei eine Verbrennung der Gasmischung stattfindet, welche den Kolben in der Richtung gegen die Kurbelwelle hin drückt. Während dieses Kolbenhubes wird die während des vorherigen Kolben-

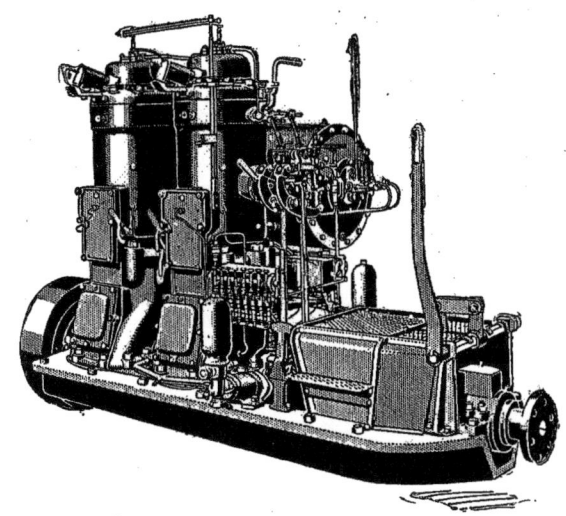

Abb. 16. Zweizylinder-Bolindermotor, Seitenansicht.

hubes in das Kurbelgehäuse angesaugte Luftmenge komprimiert, und wenn sich der Kolben bei seiner Bewegung gegen die Kurbelwelle dem Schlusse seines Laufes nähert, öffnet sich der Abgaskanal (G) und gleich darauf der Luftkanal (H), wobei die Verbrennungsgase durch den erstgenannten hinaus, in den Auspufftopf hinein und sodann in die freie Luft ausströmen. Gleichzeitig tritt die im Kurbelgehäuse komprimierte Luft durch den Luftkanal (H) und füllt den Zylinder, wobei die von der vorigen Explosion zurückgebliebenen Gase ausgestoßen werden.

Wie schon angedeutet, ist das Schmerzenskind der Kritik bei den Niederdruckmotoren die Glühlampe zum Erwärmen der Verbrennungskammer. Es handelt sich dabei um folgendes: Im Gegensatz zu den Hochdruck- (Diesel-) Motoren arbeiten diese Niederdruck-Schweröl-Maschinen mit normaler Luftverdichtung von 7—8 atm.

und Aufspeicherung der Zündwärme in der Verbrennungskammer; diese bezw. ein kleiner Heizkörper ist nun allerdings beim Anlassen der kalten Maschine vorzuwärmen. Die hierzu bisher verwendeten, den Lötlampen nachgebildeten Brenner wiesen fraglos verschiedene Mängel auf, die das Anlassen mit ihrer Hilfe etwas umständlich machten. Um das Anlassen mittels Vorwärmung zu vereinfachen und vor allem zu beschleunigen, haben die neuen Bolinder-Motoren einen

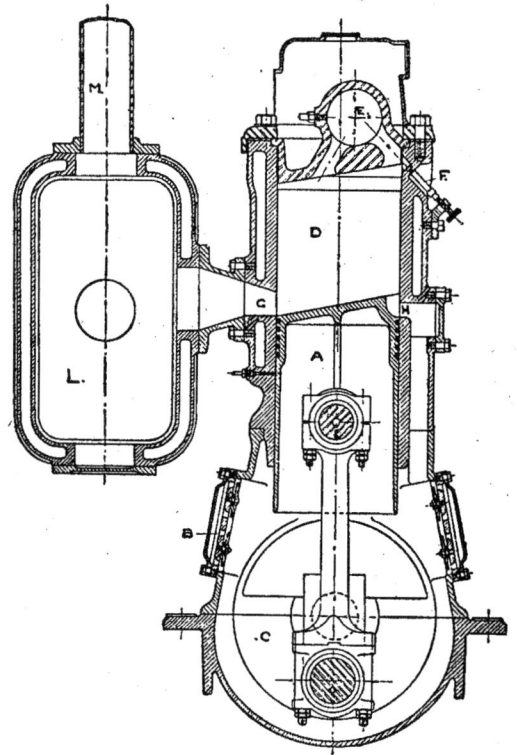

Abb. 17. Bolindermotor, Querschnitt.

neuen Schnell-Anlaßbrenner einfachster Bauart erhalten, der das Anlassen von Motoren jeder Stärke (von 6—600 PSe) bei kältester Außentemperatur von früher etwa 7—15 auf 2 Minuten abkürzt. Dieser Brenner kann sowohl mit Petroleum, als auch mit jedem Rohöl gespeist werden, so daß auch zum Anwärmen kein feuergefährlicher zweiter Brennstoff mehr verwendet wird. Der neue Schnell-Anlaßbrenner ist sofort betriebsbereit, kann nicht verstopfen und ist keiner Abnutzung unterworfen. Das Rohöl wird ohne Vorvergasung unter Druck zerstäubt, der einem vom Motorzylinder mit Abgasen aufgefüllten besonderen Behälter oder der Anlaß-Druckflasche entnommen wird. Im übrigen ist für größere Anlagen auch eine Druckluft-Anlaßvorrichtung vorgesehen. Außerdem elektr. Anlassung mit Bosch-Lichtmaschine.

Die im Bilde gezeigte Zweizylindermaschine weist folgende Typen auf:

P. S.	Drehzahl bei Vollast	Abmessungen in mm.			Schwungrad-Durchmesser mm.	Gewicht mit Zubehör netto kg
		Länge	Fundament-Breite	Höhe von Mitte Welle		
14	800	1272	380	800	360	500
24	650	1531	460	900	430	800
30	600	1723	530	1025	460	1100
40	550	1827	570	1125	500	1300
50	500	2120	620	1180	600	1900
60	475	2290	690	1250	630	2350
70	425	2555	760	1415	570	3300
90	400	2920	870	1600	630	4200
120	375	2985	950	1715	710	5400
150	300	3420	1090	2000	850	8100
200	275	3950	1230	2250	930	11000

Die Maschine ist, wie alle größeren Bolinder-Motoren, **direkt umsteuerbar**, wobei die Umkehrung der Drehrichtung des Motors mittels vorzeitiger Einspritzung, ohne Hilfe von komprimierter Luft oder dergleichen, bewirkt wird. Nachdem die Schraubenwelle durch Ausrückung der Friktionskupplung abgekuppelt ist, wird der Umsteuerungshebel gegen den Anschlag auf „Rückwärts" geführt und festgehalten. Der Motor vermindert alsdann automatisch die Tourenzahl auf eine für die Umsteuerung passende Geschwindigkeit und vollzieht ebenfalls automatisch die Umsteuerung im gleichen Moment. Hierauf wird die Friktionskupplung wieder eingerückt. In gleicher Weise geschieht die Umsteuerung von „Rückwärts" auf „Vorwärts", nur mit dem Unterschiede, daß der Umsteuerungshebel dabei gegen den Anschlag auf „Vorwärts" geführt wird. Die Umsteuerung erfolgt stoßlos aus voller Drehzahl in ca. 5 sec analog der Dampfmaschine.

Der Umsteuerungshebel wird solange gegen den Anschlag „Rückwärts" oder „Vorwärts" gehalten, bis der Motor die Drehrichtung geändert hat, worauf er wieder in seine mittlere Lage zurückfedert.

* * *

IV. B U B - Motor der Bohn und Kähler-A. G., Kiel.

Die „B. U. B."-Motoren werden in stehender Bauart in Ein- und Zweizylinder-Ausführung geliefert. Es sind sogenannte Explosionsmotoren, die zum Antrieb ein explosionsfähiges Brennstoffgemisch benötigen. Als Brennstoff kommen in Frage: Benzin, Benzol, Gasöl, Petroleum usw. Ihre Leistung beträgt, je nach Type, 2 bis 14 PS. Der Brennstoff wird vom Brennstoffbehälter durch die Zuleitung dem Vergaser zugeführt.

Der Motor arbeitet nach dem Zweitaktprinzip, das unter Bezugnahme auf unsere Abbildungen, Fig. 18—20, dargelegt werden soll. Fig. 18 zeigt den Motor mit Kolben in einer Stellung, bei der die Kurbelwelle die unterste Totpunktlage bereits überschritten hat. Beim weiteren Aufwärtsgehen des Kolbens saugt derselbe durch den Vergaser Frischluft. Im Vergaser wird diese Frischluft mit Brennstoff angereichert und bildet so ein zündfähiges Brennstoffgemisch. Durch die saugende Wirkung des Kolbens tritt dieses Brennstoffgemisch durch das Vergaseranschlußgehäuse in den Kurbelkasten, wobei es die geöffnete Membranplatte passieren muß. Im Zylinder über dem Kolben befindet sich zündfähiges Brennstoffluftgemisch, das durch den aufwärtsgehenden Kolben verdichtet wird. Wie aus der Abb. ersichtlich, sind die Auspuffschlitze noch etwas geöffnet, durch die die im Zylinder befindlichen Abgasreste noch austreten können.

Fig. 19 zeigt den Kolben in der obersten Totpunktlage. Der Raum ist gefüllt mit verdichtetem, zündfähigem Brennstoffluftgemisch. Bevor der Kolben den höchsten Punkt erreicht hat, wird das Gemisch durch einen elektrischen Funken an der Zündkerze zur Explosion gebracht. Die hierdurch entstehenden Verbrennungsgase treiben nunmehr den Kolben abwärts, der seinerseits die erhaltene Energie mittels der Schubstange auf die Kurbelwelle überträgt. Im letzten Teil des Kolbenabwärtsganges werden die Austrittsöffnungen frei, durch die die Verbrennungsgase in die anschließende Auspuffleitung abfließen. Beim weiteren Niedergang des Kolbens werden auch die Eintrittsöffnungen freigegeben. Die zwischen Vergaseranschlußgehäuse und Kurbelkasten bereits erwähnte eingebaute Membranplatte (Rückschlagklappe) verhindert, daß das Brennstoffluftgemisch durch den abwärtsgehenden Kolben wieder durch den Vergaser nach außen gedrückt wird. Es wird vielmehr vom Kolben im Kurbelgehäuse verdichtet und während des letzten Teiles des Kolbenabwärtsganges (s. Fig. 20) durch den Kanal und die nun freigegebenen Eintrittsschlitze in den Zylinderraum oberhalb des Kolbens gedrückt, durch die besondere Form des Kolbens wird das Gemisch senkrecht nach oben bis in den obersten Zylinderraum bis an die Zündkerze herangeleitet, wo es umkehrt und die noch im Zylinder von der letzten Zündung vorhandenen Abgasreste durch die Auspuffschlitze hinaustreibt. Nun wiederholt sich der Vorgang wie eingangs bereits erwähnt; der Kolben geht vom obersten Totpunkt wieder hoch, saugt Frischluft durch den Vergaser usw. Diese Vorgänge wiederholen sich so lange, wie der Motor in Betrieb ist. Der Motor bekommt nach jeder Umdrehung durch die Zündung des zündfähigen Gemisches einen neuen Antrieb zu Kraftabgabe.

Der Vergaser besteht im wesentlichen aus zwei Teilen, dem Schwimmergehäuse mit Schwimmer und Nadelventil, durch die die Brennstoffzufuhr geregelt wird, und dem zweiten Teil mit Brennstoff-

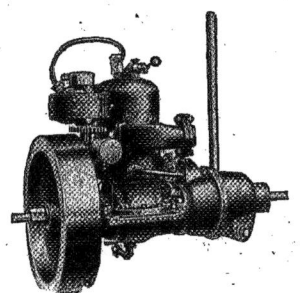

Abb. 18. B. U. B.-Einzylinder-Bootsmotor mit Wendegetriebe.

düsen, Lufttrichter und Drosselklappe, durch die die Vergasung des Brennstoffes und die Bildung des Brennstoffluftgemisches vorgenommen wird. Brennstoffdüsen, Schwimmer und Lufttrichter werden beim Probelauf des Motors für die günstigste Leistung bei dem zur Verwendung kommenden Brennstoff eingestellt. Kommt Brennstoff von abweichenden Eigenschaften zur Verwendung, so kann eine andere Einregulierung des Vergasers durch Auswechselung der Brennstoffdüse und des Lufttrichters notwendig werden, was an Hand der beigegebenen Vergaserbeschreibung vorzunehmen ist. Eine Aenderung der Löcher der Düsen darf nicht vorgenommen werden. Soll ein Benzinmotor nachträglich auf Petroleum oder Gasöl umgestellt werden, muß der Vergaser zwecks Einregulierung an die Fabrik eingesandt werden.

Für die Zündung kommt ein Hochspannungsmagnet mit Zündverstellung auf Früh- oder Spätzündung zur Verwendung. Dieser wirkt auf die Zündkerze, bei der an dem in den Zylinder hineinragenden Teil der Zündfunke erzeugt wird. Die Magnetantriebswelle wird durch zwei Kegelräder betätigt, die in ganz bestimmter Weise mit dem Motor zusammen arbeiten müssen. Damit dies nach einer etwaigen Demontage wieder genau erreicht wird, ist bei dem einen Rad an einem Zahn, bei dem anderen Rad an einer Zahnlücke eine 0 aufgeschlagen; diese beiden Zeichen müssen stets zusammentreffen, worauf sorgfältig zu achten ist.

Die Schmierung der Motore der 1 A- und 2 A-Type geschieht vermittels des Brennstoffes, dem vor dem Einfüllen in den Brennstoffbehälter 6 bis 8 % gutes Motorenöl unter kräftigem Umschütteln zugesetzt wird; nur gutes Motorenöl darf zur Verwendung kommen. Wir empfehlen als Schmieröl die Marke „Gargoyl" BB der Deutschen Vacuum-Oel-A.-G., Hamburg, Semperhaus B 3, oder „Veloxol" extra der Mineral-Oel-Raffinerie vorm. Aug. Korff, Bremen. Bei unseren anderen Typen geschieht die Schmierung zwangsweise durch einen automatischen Oeler, der das Oel von einem besonderen, von der Fabrik nicht mitgelieferten Schmierbehälter erhält. Es ist nur Schmieröl zu verwenden, das vor dem Einfüllen in den automatischen Oeler durch ein Sieb gelaufen ist.

Die Kühlung des Zylinders erfolgt durch eine vom Motor angetriebene Zahnradpumpe. Für die Schmierung der Pumpenwelle ist eine Staufferdose vorgesehen, deren Deckel von Zeit zu Zeit etwas anzuziehen ist. Mit dieser Staufferdose, die stets Fett enthalten muß und daraufhin zu kontrollieren ist, werden sämtliche Laufflächen der Kühlwasserpumpe geschmiert. Wenn die Stopfbuchse an der Pumpenwelle leckt, ist die Stopfbuchsenmutter etwas nachzuziehen. Wenn sich das Lecken durch Nachziehen der Mutter nicht mehr beseitigen läßt, ist die Stopfbuchsenmutter und Stopfbuchse zu entfernen und ein kurzes Stück neue Talgschnur einzusetzen.

Als Bootsmotoren erhalten die „B. U. B." - Motore ein fest angebautes Rädergetriebe, das durch einen Hebel auf Vorwärts- oder Rückwärtsgang oder auf Leerlauf geschaltet werden kann. Mittels eines Doppelkonus, der von dem Hebel aus bewegt wird, werden die drei Stellungen eingestellt, und zwar entspricht die senkrechte Stellung des Hebels, in der er vermittels einer Rast gehalten wird, der Leerlaufstellung, während Vorwärtsgang durch Bewegen des Hebels nach vorwärts, Rückwärtsgang durch Bewegen des Hebels nach rückwärts eingestellt wird. Das Einrücken auf Vorwärts- bzw. auf Rückwärtsfahrt muß durch einen sanften Ruck am Hebel erfolgen. Der Konus ist dann eingerückt. Der Hebel muß losgelassen werden, da der entstehende Schraubenschub das gute Halten des Kupplungskonus unterstützt. Keinesfalls darf der Hebel dauernd in den Endstellungen gehalten oder gar in diesen festgestellt (angebunden oder dgl.) werden, da sonst ein Festbrennen des den Kupplungskonus verschiebenden Schleifringes und auch des Kupplungskonus selbst eintreten wird. Beim Einrücken der Umsteuergetriebe wird die Schraube mit Wellenanlage, je nachdem vor- oder rückwärts gefahren wird, in der Längsrichtung nach vor- oder rückwärts etwas verschoben. Sehr oft kommt es nun vor, daß beim Einbau der Maschinenanlage der Propeller zu nahe an das Stevenlager gesetzt wird, wodurch das Wendegetriebe nicht richtig eingerückt wird und der Motor nicht auf Lei-

Ab. 19. B. U. B.-Zweizylindermotor mit Wendegetriebe und Wellen-Anlage.

stung kommt, oder, daß das Kardangelenk, das dem Stopfbuchsenlager am nächsten liegt, zu nahe an dieses aufmontiert ist. Beim Einrücken des Motors stößt nun die Nabe des Kardanzapfenlagers an diese Stopfbuchsenlagermutter. Das Getriebe kann ebenfalls nicht richtig eingerückt werden und der Motor kommt nicht auf Leistung.

Vorstehende Punkte sind beim Einbau streng zu beachten, und wir machen den Besitzer besonders darauf aufmerksam, daß in erster Linie die Wellenanlage auf die obigen Punkte untersucht werden muß, wenn ein Motor nach dem Einbau nicht auf Leistung kommt.

Neben diesen normalen Leichtöl-Motoren, die unter Zwischenschaltung eines besonderen, sogenannten Anlaßventils, auch für den Betrieb mit Petroleum geeignet sind, baut die Firma auch kompressorlose Dieselmotoren in 4 Typen von 5,5—90 PS. Leistung. Diese Motoren, deren eingehendere Beschreibung an dieser Stelle sich erübrigt, werden als 1-, 2-, 3- und 4-Zylindermaschinen gebaut und arbeiten nach Angabe der Firma mit einem Brennstoffverbrauch pro PS-Std. von zirka 218 bis 220 Gramm. Es kommen zur Verwendung alle Dieselmotorenöle, wie Rohöl, Gasöl, Masut, Texasöl, gelbes und blaues Paraffinöl sowie Braunkohlenteeröl. Die angegebenen PS.-Stärken der Motoren lassen sich auf kurze Zeit um 5 bis 10 Prozent steigern.

*   *   *

Daimler-Bootsmotoren.

Die planmäßige Entwicklung des Daimler-Bootsmotors reicht in das Jahr 1885 zurück und hat sich seit jeher in der Richtung bewegt, für die Maschinen Zuverlässigkeit im Dauerbetriebe, Wirtschaftlichkeit im Verbrauch, gute Zugänglichkeit und einfache Bedienung, sowie weitgehende Auswechselbarkeit aller Teile zu sichern.

Gegenwärtig werden in laufender Fabrikation folgende Typen hergestellt:

Motortypen-Bezeichnung	Mittlere Typen				Schwere, langsam lauf. Typen
	LS 8532	LS 944 A	LS 10854A	LS 1484	SS 1382
Anzahl der Arbeitszylinder ...	2	4	4	4	2
Konstruktions-Drehzahl	850	850	850	700	550
Dauerleistung bei a) Schwerbenzin oder gutem Benzol........ b) Lampenpetroleum	8 PSe —	22 PSe 20 PSe	35 PSe 31 PSe	55 PSe 48 PSe	17 PSe 15 PSe
Betriebsmittelverbrauch in der Stunde a) an Schwerbenzin oder gutem Benzol........ b) an Lampenpetroleum ... c) an Schmieröl........	2,0 kg — 0,075 kg	5,7 kg 6,5 kg 0,2 kg	9,2 kg 10,2 kg 0,3 kg	15,0 kg 16,0 kg 0,4 kg	4,75 kg 5,0 kg 0,2 kg
Einbaugewicht in üblicher Ausführung mit Wendegetriebe auf den Grundschienen, ohne Zubehör	350 kg	415 kg	600 kg	1240 kg	860 kg
Höchstleistung bei Umdrehungen i. d. M. .... im Benzinbetrieb ..... im Petroleumbetrieb ...	1000 10 PSe —	1000 25 PSe 22 PSe	1000 40 PSe 36 PSe	850 62 PSe 55 PSe	600 18,0 PSe 17 PSe

Die Motoren sind stehende, einfach wirkende Verpuffungsmaschinen für leichtflüchtige Brennstoffe und arbeiten im Viertakt. Die Umlaufrichtung — vom Wendegetriebe auf das Schwungrad gesehen — ist entgegengesetzt der des Uhrzeigers; die Motoren sind also in üblicher Ausführung im allgemeinen linkslaufend. Die Arbeitszylinder sind paarweise in einem Gußblock vereinigt. Bei den Typen kleinerer Leistung sind die untereinander auswechselbaren Ein- und Auslaßventile im Zylinderkopf hängend angeordnet; sie liegen in leicht herausnehmbaren Ventileinsätzen; die Auslaßventileinsätze sind bei den größeren Motoren wassergekühlt, um eine Verbrennung und ein Verziehen der Ventilsitze zu verhindern. Die Betätigung der Ventile erfolgt durch eine im Kurbelgehäuse-Oberteil gelagerte Nockenwelle, welche durch breite Stirnräder von der Kurbelwelle

Abb. 20. Daimler-Bootsmotor, Type LS 1484, Andrehseite.

angetrieben wird. Die durch die Nocken bewegten Anhubkolben übertragen ihre Bewegung durch Hubstangen und Kipphebel auf die Ventile. Ein müheloses Einschleifen der Ventile ist dadurch ermöglicht, daß sie mit ihren Einsätzen nach Lösen von zwei Muttern leicht herausgenommen werden können. Das Kurbelgehäuse-Oberteil ist mit großen, durch leicht lösbare Deckel geschlossenen Handöffnungen versehen, die ein Nachsehen aller inneren Teile gestatten.

Kapitel VIII

Die Vergasung des flüssigen Brennstoffes erfolgt bei der Type LS 1484 durch einen Daimler-Vergaser, bei den übrigen Typen durch einen Pallas-Vergaser.

Um eine gleichbleibende Umlaufzahl des Motors zu erzielen, ist ein hochempfindlicher Gewichtsregler eingebaut, der durch ein kurzes Gestänge mit dem Vergaserdrosselorgan verbunden ist, wodurch eine Ueberschreitung der höchsten zulässigen Drehzahl verhindert wird. Ein am Bedienungsstand des Motors angeordneter Handhebel ermöglicht es, auch von hier die Umlaufsgeschwindigkeit der Maschine zu beeinflussen. Die Motoren werden mit magnetelektrischer Hochspannungskerzenzündung ausgerüstet. Der den Zündstrom erzeugende Magnetapparat — im allgemeinen ein wasserdicht eingekapselter Bosch-Lichtbogenapparat mit Abschnappkupplung — wird vom Antriebsrad der Nockenwelle aus durch ein Stirnrad angetrieben, welches ihm die Umlaufzahl der Kurbelwelle erteilt. Nach Lösen einer einzigen Schraube am Spannband kann der Magnetapparat zwecks Ueberholung entfernt werden.

Alle sich bewegenden Teile des Motors werden zwangläufig von einer Oelpumpe aus geschmiert. Lediglich einige nebensächliche Schmierstellen, z. B. an Ventilhebeln, bedürfen von Zeit zu Zeit der Schmierung mittels Oelkanne. Die Pumpe saugt das Oel durch ein engmaschiges Drahtsieb aus der zum Oelbehälter ausgebildeten Kurbelwanne. Das durch das Filtersieb gereinigte Schmieröl wird von der Oelpumpe durch eine Rohrleitung nach den Grundlagern der Kurbelwelle gedrückt. Diese selbst ist in ihrer Längsrichtung mit Bohrungen versehen, durch welche das Schmieröl nach den Kolbenstangenlagern geführt wird. Das seitlich aus diesen Lagern heraustretende Schmieröl wird von den schwingenden Teilen auf die Laufflächen der Arbeitszylinder und in das Kolbeninnere geschleudert und schmiert auf diese Weise Kolben und Kolbenbolzen. Das von der Triebwerksteilen abtropfende Schmieröl sammelt sich in der Kurbelwanne und wird von hier durch die Oelpumpe nach erfolgter Reinigung zu neuem Kreislauf angesaugt. Der Schmierölverbrauch beläuft sich im Durchschnitt auf ca. 12 g PS/St. Die Kolben der Kühlwasser- und der Lenz-Pumpe sowie das Stevenrohr und die Lauflager der Wellenleitung werden durch Stauffer-Fettbüchsen geschmiert.

Die Arbeitszylinder und das am Motor angebaute Auspuffsammelrohr sind mit Kühlmänteln umgeben, durch welche ständig Wasser gefördert wird. Den Kühlwasserumlauf besorgt eine mit Metallventilen

Typen moderner Boots-Motoren

ausgestattete Kolbenpumpe, welche mittels eines Exzenters von der Nockenwelle aus angetrieben wird.

Die Motoren arbeiten normaler Weise mit allen leichtflüchtigen Brennstoffen, können jedoch, mit Ausnahme der Type LS 8532 auch für den Betrieb mit Lampenpetroleum eingerichtet werden, was bei gleichbleibender Drehzahl eine Leistungsverminderung um ca. 10 % bedeutet. Die Brennstofförderung von den Tanks zum Vergaser erfolgt im allgemeinen unter Druck der Auspuffgase, was bei Benzinbetrieb noch den Vorteil besitzt, durch den Reichtum dieser Gase an Kohlensäure die Explosionsgefahr auszuschließen. —

Abb. 21. Daimler-Bootsmotor, Type LS 10 854, Auspuffseite.

Die Uebertragung der Drehkraft des Motors auf die Schraubenwellenleitung erfolgt durch eine Kupplung, die gleichzeitig als Wendegetriebe ausgebildet ist und so die Umkehrung der Umlaufsrichtung der Schraubenwelle bei Rückwärtsfahrt gestattet, während die Umlaufsrichtung des Motors selbst stets die gleiche bleibt. Das Wendegetriebe in seiner neuesten vervollkommneten Ausführung besteht bei den leichteren Bootsmotoren aus zwei mit breiten Spezial-Gußeisenringen belegten Stahlgußkegeln. Diese Kegelringe werden in entsprechende Aussparungen der Schwungscheibe gepreßt; sie erzeugen eine stoßfreie, sicher haltende Kupplung der Schraubenwelle mit der Schwungscheibe des Motors, und zwar für Fahrt „Voraus" oder „Zurück", je nachdem das Kegelradgehäuse, welches die Umkehr der Drehrichtung der Schraubenwelle bewirkt, nach vorwärts oder rückwärts geschoben wird. Dieses Verschieben des Rädergehäuses geschieht durch einen feststellbaren Handhebel oder durch eine mit Handrad zu betätigende selbstsperrende Schraubenspindel. Bei gedeckten Fahrzeugen kann die Betätigung der Kupplung und des Wendegetriebes nach dem Steuerstand verlegt werden, ebenso wie die Hebel für die Gasregulierung.

In der Mittellage des Umsteuer-Handhebels befindet sich keiner der beiden Kegelringe im Eingriff mit der Schwungscheibe; die Kupplung des Motors mit der Schiffsschraube ist also aufgehoben, und die Maschine kann im Leerlauf arbeiten. Die in dem Rädergehäuse befindlichen zwei Kegelräderpaare laufen im Oelbade, um ihre Abnutzung zu verhüten und das Geräusch zu dämpfen. Der achsiale Schub bezw. bei Rückwärtsgang der Zug der Schiffsschraube wird durch die Schraubenwelle auf das Wendegetriebe übertragen und hier ausgenutzt, um die Konusringe in die Schwungscheibe einzupressen. Ein zwischen Motorgehäuse und Schwungscheibe angeordnetes Doppelkugellager von sehr reichlichen Abmessungen verhütet die Uebertragung des Schraubenschubes auf die Triebwerkteile des Motors; ein weiteres Doppelkugellager ist hinter dem Wendegetriebe eingeschaltet, um den Kegelradantrieb zu entlasten.

Die stärkeren Motoren werden mit dem neuen Daimler-Zweibandwendegetriebe ausgerüstet, das in seinen Grundzügen dem vorbeschriebenen Wendegetriebe gleicht, nur mit dem Unterschied, daß zur Kupplung der Schraubenwelle mit dem Motor nicht der Schraubenschub benutzt wird, so daß ein Verschieben der Propellerwelle nicht in Betracht kommt. Der Schraubenschub wird bei dieser Ausführung des Wendegetriebes zwischen Schraubenwelle und Umsteuerung durch ein sehr kräftiges Doppelkugel-Drucklager aufgenommen.

* * *

Kompressorlose Dieselmotoren der Deutsche Werke A.-G. Kiel.

Die Motoren sind stehende, im Zweitakt arbeitende Oelmaschinen. Ihr wesentliches Merkmal ist die äußerst einfache Bauart. Ventile, Steuerhebel, Steuerwellen mit Nocken und Antriebsrädern sind nicht vorhanden. Die Maschinen arbeiten nach dem Anlassen mit Selbstzündung. Es fehlen also auch Anheizlampe bzw. Magnetapparat. A r - b e i t s w e i s e : Der Kolben 1 (s. Abb. 22) saugt beim Hochgehen Luft in das Kurbelgehäuse 2 und verdichtet sie dort beim Niedergehen.

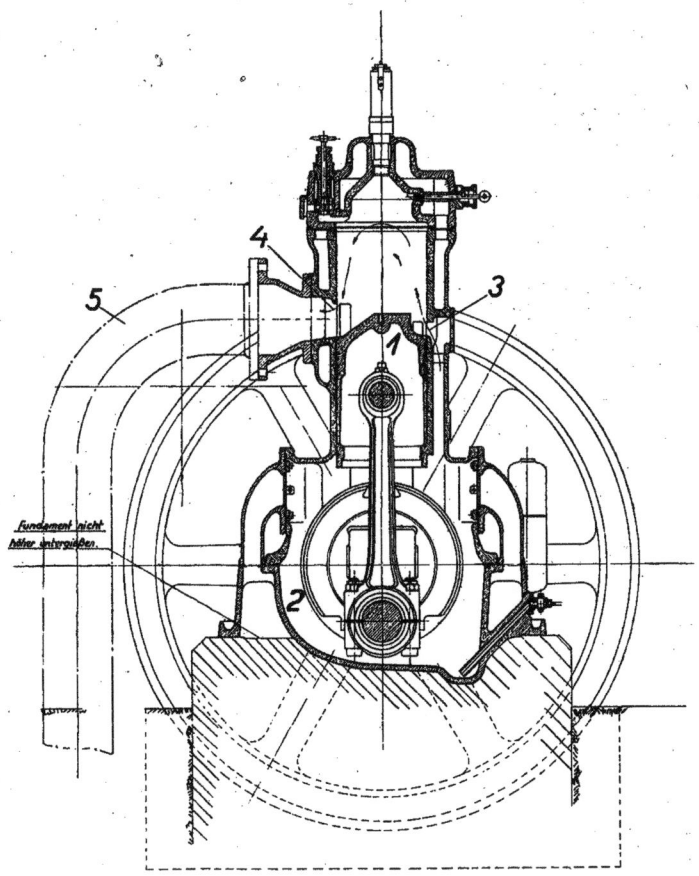

Abb. 22. Schnitt durch den kompressorlosen Dieselmotor der Deutsche Werke A.-G., Kiel.

Kapitel VIII

Kurz vor Erreichen des unteren Totpunktes gestatten vom Kolben gesteuerte Schlitze 3 (Spülschlitze) der im Kurbelgehäuse verdichteten Luft, in den Arbeitszylinder überzuströmen. Hierdurch werden die im Zylinder befindlichen Abgase durch die Auspuffschlitze 4 und die Auspuffleitung 5 ins Freie gespült. Beim Wiederhochgehen des Kolbens bis zum oberen Totpunkt wird die im Zylinder vorhandene Luft verdichtet und hierbei stark erhitzt. In der Nähe des oberen Totpunktes wird durch eine Düse flüssiger Brennstoff ohne Zuhilfenahme von Druckluft fein zerstäubt in den Zylinder eingespritzt. Er entzündet sich an der heißen Luft und verbrennt. Die Förderung des Brennstoffes zur Düse erfolgt durch eine mittels Nocken von der Kurbelwelle aus angetriebene Kolbenpumpe. Der Arbeitskolben 1 wird durch die Verbrennungsgase nach unten gedrückt und gibt die Arbeitsleistung mittels der Schubstange an die Kurbelwelle ab. Dieser Arbeitsgang wiederholt sich bei jeder Umdrehung.

Die Motoren sind in allen Teilen reichlich bemessen und bieten infolge ihrer kräftigen Bauart sichere Gewähr für geringsten Verschleiß. Die Kurbelwelle liegt in leicht zugänglichen und bequem nachstellbaren, geteilten Lagern. Der Zylinderdeckel ist durch Stiftschrauben auf dem Zylinder befestigt, so daß das Zylinderinnere durch Aufnehmen des Deckels leicht zugänglich ist. Die Kühlung erfolgt durch eine, durch Exzenter von der Kurbelwelle aus angetriebene Kühlwasserpumpe. Die Schmierung geschieht durch einen selbsttätig arbeitenden Zentral-Schmierapparat, der das Oel den verschiedenen Schmierstellen unter Druck zuführt. Das verbrauchte Schmieröl fließt einer Sammelstelle zu und kann nach erfolgter Reinigung wieder verwendet werden. Die Kurbelwellenlager der Bootsmotoren haben Druckschmierung.

Die Regelung der Umlaufzahl der Motoren erfolgt durch einen unmittelbar auf der Kurbelwelle angeordneten Fliehkraftregler. Eine besondere Hilfswelle mit Antriebsrädern für den Regulator ist vermieden. Der Regler beeinflußt ein Ueberströmventil, durch dessen Betätigung der Brennstoffverbrauch der jeweiligen Belastung angepaßt wird.

Die Motoren werden mit Druckluft angelassen. Zu diesem Zwecke wird das Schwungrad auf die auf dem Kranze vorgesehene Pfeilmarke eingestellt. Sodann wird zur sicheren Einleitung der Zündung ein Zündpapierstreifen mittels einer Patronenhülse in glühendem Zustande in den Zylinder eingeführt und das Anlaßventil mit dem Handhebel kurz geöffnet. Als Brennstoff werden schwerflüchtige, billige

Treiböle minderer Güte, wie Rohöl, Gasöl, Braunkohlenteeröl, Paraffinöl und dergleichen verwendet. Lagerung und Beförderung dieser Oele sind gefahrlos. Für die Verwendung als Bootsmaschinen wird bei den Motoren lediglich die gußeiserne Grundplatte an der dem Schwungrad abgewendeten Seite muldenartig verlängert und dient damit zur Aufnahme der Kupplung und des Drucklagers, wodurch Versetzungen der Wellenmitte des Motors gegenüber der Druckwelle vollkommen vermieden werden und somit ein stets einwandfreier Lauf der Wellenlager gewährleistet ist. Die Teile werden durch ein Gehäuse vollkommen eingekapselt, so daß überschlagendes Seewasser nicht in die Getriebeteile des Motors eindringen kann. Die Kupplung kann mittels Handhebels vom Maschinenraum oder bei größeren Fahrzeugen von Deck aus betätigt werden. An dem Flansch der Kupplungswelle wird die Schraubenwelle befestigt, die an ihrem hinteren Ende die Schiffsschraube trägt. Im allgemeinen ist die Schraube als Umsteuerschraube mit Drehflügeln ausgebildet, jedoch werden die Motoren auf Wunsch auch mit einem äußerst kräftig gehaltenen Wendegetriebe gebaut. Der Antrieb der Lenzpumpe erfolgt wie bei der Kühlwasserpumpe durch Exzenter. Die Anordnung der beiden Pumpen ist so getroffen, daß sie durch einfache Umschaltung gegeneinander ausgetauscht werden können. Es kann also die Instandsetzung jeder Pumpe ohne Störung des Motorbetriebes vorgenommen werden.

Die Herstellung der Motoren erfolgt in großen Serien nach neuzeitlichen Arbeitsmethoden. Die Verwendung von Grenzlehren und Sonderwerkzeugen verbürgt die Austauschbarkeit aller der Abnutzung unterworfenen Teile ohne Nachpaßarbeiten; sorgfältigste Arbeitsausführung und hochwertiges Material gewährleisten geringste Abnutzung und lange Lebensdauer. Die Werke bauen zurzeit folgende Typen von Bootsmotoren dieser Art:

Zylinderzahl	Leistung PSe	Umdrehungen in der Minute	Gewicht mit Normalzubehör rd. kg
1	9	500	720
1	14	450	1080
1	22	425	1550
1	35	375	2700
2	44	425	2350
2	70	375	4000
3	105	375	5750
3	200	325	11850

Zulässige Ueberlastung 10 %, vorübergehend bis zu 20 %.

Kompressorloser Diesel-Motor System Deutz.

Die neuen Deutzer Motoren dieses Typs zeichnen sich vor allen Dingen durch ihre außerordentlich einfache Konstruktion und durch hohe Ausnützung des Brennstoffes aus. Während im allgemeinen bei den besten ausländischen Motoren gleichen Systems ein Brennstoffverbrauch von 180—190 Gramm für die Pferdekraftstunde das Normale ist, bleibt der Verbrauch der Deutzer Maschinen stets unter 180 Gramm, vielfach sogar unter 170 Gramm.

Es wird besonders in Verbraucherkreisen übrigens noch keineswegs genügend gewürdigt, daß der kompressorlose Motor auch ganz allgemein einen erheblichen Fortschritt bedeutet und die Konkurrenzfähigkeit des Verbrennungsmotors gegenüber der Dampfmaschine ganz wesentlich erhöht. Die Vorteile der luftlosen Brennstoff-Einspritzung bestehen zunächst in der Vermeidung des von der einfachen Dieselmaschine unzertrennlichen Hochdruck-Kompressors, der insofern eine ziemlich komplizierte Anlage darstellt, als er bekanntlich mit drei bis vier Stufen ausgerüstet werden muß, um die Einspritzluft bei genügender Kühlung auf 70 Atmosphären zu pressen und dabei dennoch hin und wieder zu Oelzündungen in den Leitungen und Behältern, noch häufiger aber zu Betriebsstörungen durch die schwierig dicht zu haltenden Ventile führte. Hand in Hand mit dem Fortfall der Einblaseluftpumpe geht eine entsprechende Verbilligung und Gewichtsverminderung der Maschine. Da die moderne Dieselanlage mit Lufteinspritzung im allgemeinen etwa 25 % teurer als die Dampfmaschinenanlage gleicher Stärke ist, so werden durch den Uebergang zum luftlosen Betrieb nahezu die Anlagekosten der Diesel- und Dampfanlage einander gleich. Das Wertvollste ist aber die Vereinfachung der Maschine, da nicht nur die zur Erzeugung, Leitung und Steuerung der Einblaseluft dienenden Organe in Beschaffung, Instandhaltung und Bedienung fortfallen, sondern auch die Brennstoffdüsensteuerung wenigstens nach dem Deutzer System selbsttätig erfolgt.

In den nachstehenden Abbildungen sehen wir noch einige Einzelheiten der Deutzer VM-Maschine mit luftloser Einspritzung, aus denen die Wirkungsweise, die Gesamtanordnung und die Bedienung der Maschine hervorgeht.

Der Verbrennungsvorgang wird, wie in der schematischen Darstellung der Abb. 23 erkennbar ist, dadurch ausgelöst, daß die von der Maschine angetriebene Brennstoffpumpe die genau einstellbare Treibölladung am Ende des Verdichtungshubes in den Verbrennungsraum preßt. Durch besondere Ausbildung des selbststeuernden Einspritzventils wird der Brennstoff in feinsten Nebel aufgelöst und entzündet sich an der durch die Verdichtung hocherhitzten Luft.

Die kleine Luftpumpe zur Erzeugung der Anlaßluft von höchstens 25 Atmosphären ist an einer Seite der Maschine mit besonderer Kurbel angetrieben. Ein Umschalthebel, der nur zwei Stellungen einzunehmen hat, die eine für Brennstoffbetrieb, die andere für Halt und

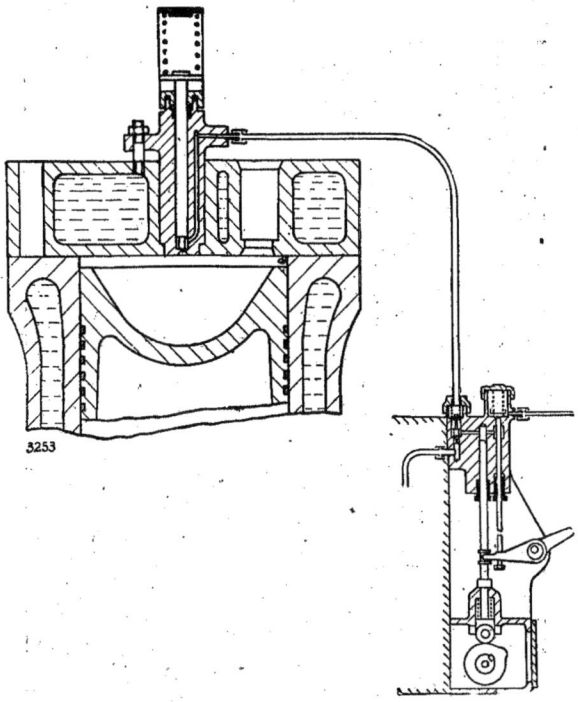

Abb. 23. Arbeitsweise des Deutzer kompressorlosen Schiffsdieselmotors, Bauart VM.

Luftanlassen, verschiebt die Steuerwelle und schaltet die Pumpensteuerung ein und aus. Das Luftanlassen selbst wird durch Umlegen eines kleinen Anfahrhebels in der Haltstellung des großen Hebels bewirkt, wodurch der große Hebel blockiert und Druckluft gleichzeitig allen Zylindern gegeben wird.

Abb. 24 zeigt das Innere des Steuerwellenkastens und des Luftpumpenantriebes; Abb. 28 die Gesamtanordnung einer Zweizylindermaschine mit Wendegetriebe. Die untere Steuerwelle enthält die

Nocken der Einlaß-, Auslaß- und Anlaßventile, die Brennstoffpumpen werden durch eine besondere Pumpensteuerwelle getrieben. Die Pumpen können dadurch in einem besonders eng gedrängten Körper untergebracht und in einem besonderen Montageraum ausprobiert werden.

Mit der Ausbildung der luftlosen Einspritzung der Dieselmaschine ist deren Anwendbarkeit für den Schiffsbetrieb noch weiter gefördert;

Abb. 24. Steuerwellenanordnung des Deutzer Schiffsdieselmotors VM.

der Raumbedarf ist durch Fortfall der Einblaseluftbehälter und Vereinfachung der Luftpumpe mit Zwischenkühlern weiter vermindert, die Elastizität ist der Dampfmaschine nahegerückt, denn die Deutzer Maschine kann zwischen 30 und 200 Umdrehungen sicher zünden, die Bedienung ist weiter vereinfacht und eine Störungsquelle beseitigt worden.

Typen moderner Boots-Motoren

Ganz besondere Bedeutung hat der Dieselmotor in mittleren Größen für den Schleppdienst und Frachtdienst in Binnenwasserstraßen und den Küstendienst erlangt. Bei der Binnenfahrt kommt es darauf an, die vorhandenen Kanäle auszunutzen, Laderaum und Schleppkraft muß vermehrt werden, usw. Bei dem geringen Gewicht der Dieselanlage von 80 bis .120 kg/PS. gegenüber 160 bis 180 der Dampfanlage kann der Schlepper bei gegebener Leistung mit erheblich geringerem Tiefgang gebaut werden, er kann daher ausgedehntere Stromgebiete durchfahren und ist weniger vom Niedrigwasser abhängig.

Besondere Vorteile ergeben sich im Kanalbetrieb bei häufiger Betriebsunterbrechung durch Schleusen, wo das Unterdampfhalten große Brennstoffmengen verschlingt, während der Motor in den Betriebspausen keinen Brennstoff verbraucht. In Betracht kommen für den Antrieb vier- bis sechszylindrige Motoren von 120 bis 1000 PS. Leistung.

Die typische Form eines kleinen Schleppers mit Deutz-Motor zeigt die beigefügte Raumskizze, die den mit Deutzer 300 PS.-Motor ausgerüsteten Schlepper Pionier III darstellt. (Abb. 25).

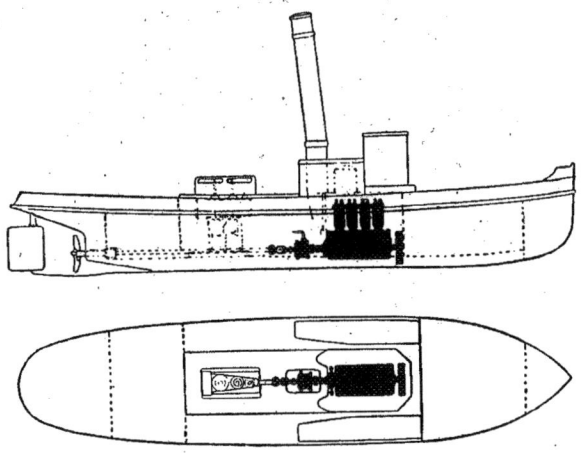

Abb. 25. Raumersparnis beim Dieselmotor gegenüber Dampfbetrieb.

Der Schlepper verkehrt im Hafen von Rotterdam für die Battavische Petroleum-Gesellschaft für Verkehrs- und Schleppdienste und ist daher auch für die Aufnahme von Passagieren eingerichtet.

Kapitel VIII

Es war ursprünglich zur Bedienung ein Steuermann und ein Maschinist vorgesehen. Nach vier Wochen Betriebszeit hat der Steuermann es verstanden, das Schiff und die Maschine vollständig allein zu bedienen, so daß er jetzt ein halbes Jahr ohne Maschinisten fährt. Das Anlassen erfolgt vom Maschinenraum aus, die ganze Bedienung, Regelung und Ueberwachung vom Steuerstand. Der Steuermann kann sowohl die Umsteuerung bewerkstelligen als auch die Brennstoffüllung verändern und damit eine beliebige Schiffsgeschwindigkeit einstellen. Er hat auch vor sich die erforderlichen Kontrolleinrichtungen für Schmieröl und Kühlwasser. Er kann auch, was besonders in verkehrsreichen Häfen von Wichtigkeit ist, die Maschine bis auf 30 Umdrehungen herunterregulieren.

Die Gesellschaft hat festgestellt, daß die Kosten des Dieselschleppers für Brennstoff, Oel und Bedienung sich in der Woche in der gleichen Höhe ergeben, die früher für einen vom gleichen Kapitän gefahrenen Dampfschlepper täglich aufzuwenden war.

Abb. 26. Deutzer Schiffs-Dieselmotor mit Umsteuerung.

Für größere Leistungen von etwa 300 PS aufwärts werden die Deutzer Schiffsmotoren vorwiegend mit Umsteuerung ausgerüstet. Abb. 26 zeigt eine solche Maschine von 520 PS, an der man das Um-

Typen moderner Boots-Motoren

steuer-Rad, den Anlaßhebel und den Regelungshebel für die Brennstoffüllung erkennen kann. Bei den neueren Maschinen ist noch eine weitere Vereinfachung in der Richtung vorgenommen, daß die ganze Bedienung der Maschine sich nur auf 2 Organe erstreckt, auf das Um-

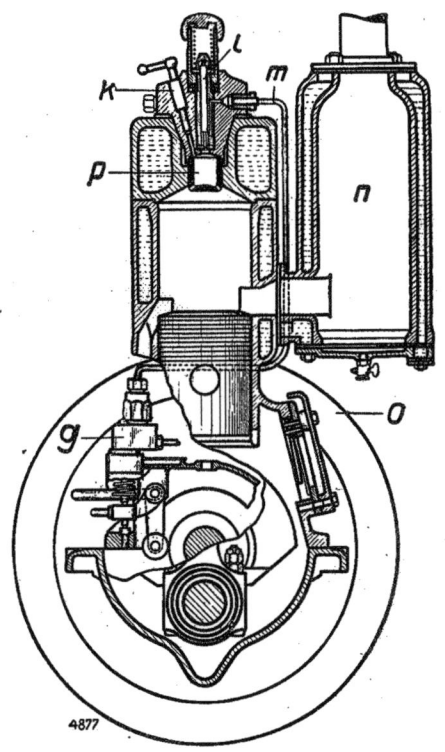

Abb. 27. Deutzer kompressorloser Kleindieselmotor, Bauart PM.

steuerrad zur Bestimmung der Fahrrichtung und auf den Schalthebel, der bei Bewegung in die linke Endlage das Anfahren durch Druckluft bewirkt, bei Bewegung innerhalb des Bereiches der rechten Endlage die Brennstoff-Füllung bestimmt.

Kürzlich wurde das Tankschiff „Pendrecht" (2000 Brutto-Tonnen-Register), welches zwischen Rotterdam und dem Schwarzen Meer hin und herfährt, mit zwei derartigen Deutzer Umsteuermotoren von je 500 PS versehen, ergänzt durch eine Licht- und Kraftübertragungsanlage von je 2 Deutzer 50 PS kompressorlosen Dieselmaschinen. Für diese kleinen Typen wendet Deutz ein anderes Verfahren an, wie es aus dem Schnitt der Maschine, Abb. 27, hervorgeht. Der Brennstoff wird hier in eine Vorkammer gespritzt, die durch enge Oeffnungen mit dem Zylinderinneren in Verbindung steht. Diese im Zweitakt arbeitenden Kleindieselmotoren mit Leistungen von 6 bis 75 PS, in ein bis 3 Zylindern, zeichnen sich durch verhältnismäßig noch niedrigere Anschaffungskosten und durch noch größere Einfachheit aus, da sie keine Ventile haben. Sie sind insbesondere für die Hand des in der Motorbehandlung ungeschulten Schiffers bestimmt.

Abb. 28. Deutzer kompressorloser Kleindieselmotor, Bauart PM, mit Wendegetriebe.

Abb. 28 zeigt einen solchen Zwillingsmotor mit Wendegetriebe, wie er namentlich in Fischereifahrzeugen in großer Anzahl eingebaut worden ist.

*   *   *

Elto-Außenbord-Motor.

Der Elto-Außenbord-Motor ist ein 2-Zylinder-Zweitakt-Motor mit gegenläufigen Kolben, so daß die Massenkräfte ausgeglichen sind. Als Zweitaktmotor einfacher Bauart enthält er keine Ventile, sondern die Einlaßluft und die Auspuffgase werden durch Schlitze gesteuert, wodurch denkbar einfache Bauart gewährleistet ist. Die Bohrung beträgt 57,15 mm, der Hub 50,8 mm. Leistung des Motors bei 1400 Umdrehungen per Minute 3 PS. Die Kolben sind aus feinstem, dichtem Gußeisen hergestellt, ebenso die Zylinder, welch letztere polierte Zylinderköpfe besitzen und vernickelt sind. Der Gesamtaufbau des Außenbordmotors ist des ferneren gekennzeichnet durch das an den Motor angebaute Propellergetriebe, das aus einem konischen Räderpaar, einer Längs- und Querantriebswelle besteht, sowie dem Propeller. Der gesamte Propellerantrieb ist in ein Aluminiumgehäuse eingebaut, welches am Motorgehäuse befestigt ist. Das Motorgehäuse selbst enthält den Kurbelwellenantrieb, an dessen oberem Ende ein kleines gußeisernes, vernickeltes Schwungrad befestigt ist. — Zwischen Schwungrad und Motor ist der Benzinbehälter befestigt, der zirka 3,8 Liter Benzin, mit Schmieröl vermischt, fassen kann. An das Propeller-Antriebsgehäuse ist drehbar das Ruder, aus Aluminium hergestellt, montiert.

Am Motorgehäuse sind ferner die Befestigungsvorrichtungen angebaut, welche derart disponiert sind, daß mittels zweier Handschrauben der Motor an dem hinteren Bootspiegel befestigt werden kann, und zwar ist diese Konstruktion so eingerichtet, daß man mittels eines regulierbaren Drehzapfens den am Boot befestigten Motor um diesen Drehzapfen drehen kann, so daß bei seichtem Wasser oder, wenn man den Motor nicht aus dem Boot herausnehmen will, er um die Drehzapfen dergestalt bewegt werden kann, daß der im Wasser verbleibende Teil bei Nichtgebrauch des Motors herumgedreht und dadurch vor den Einflüssen des Wassers geschützt werden kann. Dieses Drehschloß ist mittels kleiner Reibscheiben regulierbar und kann, je nach Bedarf, mehr oder weniger stark angezogen werden, so daß bei seichtem Wasser der Motor nach hinten pendelt, wenn er auf einen Widerstand stößt. Will man mit dem Motor rückwärts fahren, so kann man das Schloß so stark anziehen, daß der Propellerzug nach rückwärts gerade noch durch das Schloß aufgenommen wird, bei größeren Widerständen jedoch der Motor aus dem Wasser herausgedrängt wird, wodurch einer Beschädigung des unteren Teiles vorgebeugt wird. Der Motor enthält im oberen Teil, zwischen dem Benzinbehälter und dem Schwungrad angeordnet, die Zündvorrichtung, welche als Batteriezündung vorgesehen ist.

Im Ruder ist des ferneren als neueste patentierte Konstruktion die Propeller-Wasserpumpen-Vorrichtung angebracht, die das Kühlwasser zu den Zylindern führt, ohne dazu eine besondere Wasser-

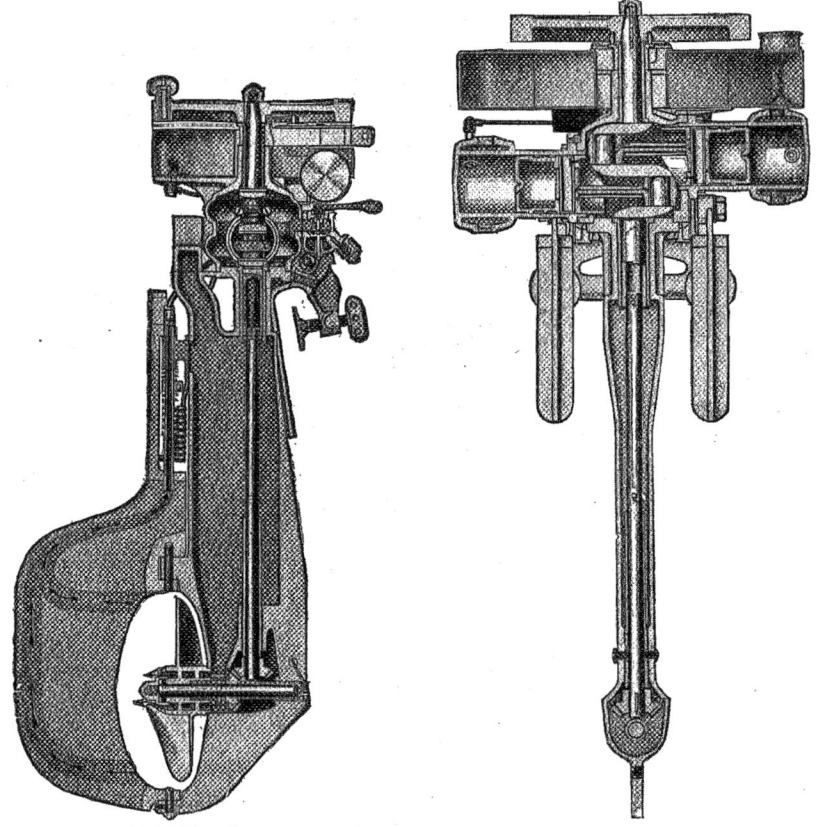

Abb. 29. Längs- und Querschnitt durch den Elto-Motor.

pumpe zu benötigen. Der Rückdruck des Propellers treibt das Kühlwasser durch zwei Kanalöffnungen in die Kühlwasserleitung, die zu den Motorzylindern führt, aus denen das Kühlwasser wiederum durch zwei kleine Wasserleitungen abgeführt wird, so daß die gesamte Kühlwasseranlage nur aus einer zu- und abführenden Wasserleitung, ohne zwischengeschaltete Pumpe, Ventile oder dergleichen, besteht, was dem Motor eine sehr einfache Bauart bezüglich der Kühlwasseranlage gewährleistet. Auch der Gesamtaufbau des Elto-Außenbordmotors erscheint außerordentlich gedrungen, und die äußerst leichte Bauart unter Verwendung von Aluminium ergibt ein Gesamtgewicht des Motors von nur 20 kg. Als Sicherung des Propellers und dessen Antriebs gegen Bruch bei Anstoß an irgendwelche Hindernisse ist der Propeller mittels eines Sicherheitsstiftes auf die Querpropellerachse aufgesplintet, welcher bei Ueberforcierung des Propellers abgescheert wird und so das konische Getriebe, sowie den Motor vor Zerstörung schützt. Dieser Sicherheitsstift kann, falls er gebrochen ist, in zwei Minuten durch einen neuen ersetzt werden, indem man die Schraube am hinteren Ende des Propellers löst, den Stift ersetzt und die Schraube wiederum anzieht.

Der Elto-Außenbordmotor wird in zwei Längen ausgeführt, welche sich dadurch unterscheiden, daß das größte Modell 24" zirka 76 mm tiefer unter den Wasserspiegel zu liegen kommt, als das kürzere Modell 21". Im übrigen sind die beiden Modelle konstruktiv genau gleich durchgeführt.

Abb. 30. Elto-Motor, hochgeklappt.

Um den Motor in Gang zu setzen, muß zuerst der Benzinbehälter mit zirka 4 Liter Benzin, vermischt mit Oel, gefüllt werden. Man verwendet hierzu auf einen Teil Benzin $1/_{32}$ Teil dünnflüssiges Mineralschmieröl, als Benzin womöglichst Leichtbenzin; falls kein solches vorhanden ist, kann der Motor auch mit dem gebräuchlichen Automobilbenzin (spezifisches Gewicht 735) gespeist werden. Solange der Motor noch keine 100 Kilometer im Boot zurückgelegt hat, soll dem Benzin ein stärker geöltes Gemisch ($1/_{28}$ Teil) zugeführt werden. Wichtig ist in jedem Fall die Verwendung tadellosen, reinen Mineral-Schmieröls.

Kermath-Bootsmotoren.

Es ist wohl selbstverständlich, daß auch die Bootsmotoren-Industrie in Amerika unter wesentlich anderen Bedingungen arbeiten kann als bei uns. Wenn drüben Werftunternehmungen bestehen und groß werden können, die seefähige Kreuzer mit ebenso praktischer wie eleganter Einrichtung in Größen von 17 Metern in Serien auf Lager bauen und absetzen, so bleibt das natürlich nicht ohne Einfluß auf die Motorenfirmen, die sich diesem Verbrauch anpassen können.

Es ist dabei ein grundlegend falscher Standpunkt, sogenannt „billige" amerikanische Erzeugnisse der Motorenindustrie in unserm Sinne „schlecht" nennen zu wollen. Auch die vielgeschmähte „Blechliese" des Herrn Ford ist nicht deshalb „schlecht", weil man sie nicht gut mit einem Mercedes in Vergleich stellen kann. Sie ist vielmehr ein typisches Erzeugnis ihres Landes, wo der Mensch anders empfindet

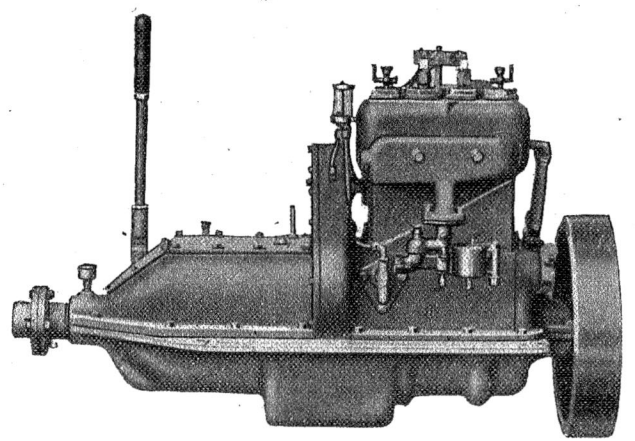

Abb. 31. Zweizylinder-Kermath-Motor, 5—10 PS.

als bei uns und sich garnicht damit aufhalten will, einem Wagen, der sich im Gebrauch amortisiert hat, durch eine langwierige Reparatur ein längeres Leben zu verleihen.

Das hindert nicht, daß man — zu entsprechend höherem Preise — auch in Amerika Wagen und Motoren kaufen kann, die auch in unserm deutschen Sinne „gut" sind, und auf dem Gebiet des Bootsmotorenbaues gehört Kermath entschieden ebenfalls zu dieser Kategorie, ist also — dies zu sagen erschien als Einleitung immerhin notwendig — nicht etwa im Sinne der Ford-Erzeugnisse eine „billige" Maschine.

Der Kermath-Bootsmotor wird in folgenden Größen auf den Markt gebracht:

Modell	Zyl.	PS.
3	1	4
4/5	2	5
6/8	2	8
8/10	2	10
12	4	16
16	4	20
20	4	25
35	4	40
50	4	55
65	6	65
100	6	100

Die Motoren werden als komplette Aggregate, d. h. mit Wendegetriebe gekuppelt gebaut. Es werden aber auch nur die Motoren als solche geliefert, um diese mit Wendeschrauben in Verbindung bringen zu können. Da das Schwungrad auf der, dem Getriebe abgekehrten Seite liegt, ist auch eine bequeme Einbaumöglichkeit in Segelboote ge-

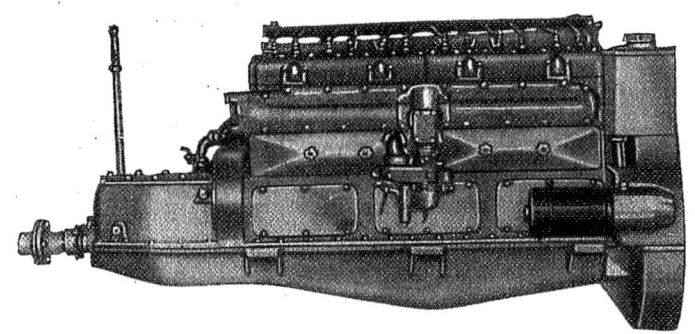

Abb. 32. Hundertpferdiger Sechszylinder-Kermath.

schaffen, die auch durch die äußerst geringe Breite der Aggregate gegeben ist. Das Verdichtungsverhältnis ist bei den Kermath-Motoren nicht so groß, wie im allgemeinen üblich, daher läuft der Motor absolut ruhig und erschütterungsfrei. Neu ist die Lagerung der Kurbel- und Nockenwelle bei den größeren Typen. Ab Modell 35 werden die beiden Wellen 5- bezw. 7mal gelagert. Die Maschinen sind mit den bekanntesten amerikanischen Vergasern ausgerüstet und weisen doppelte Regulierung auf. Als Zündung gelangt der Bosch-Magnet (amerikanisch Bosch) mit der bekannten Abschnappkupplung zur

Verwendung. Große Mannlöcher im Kurbelgehäuse ermöglichen eine recht gute Kontrolle aller Triebteile, die Motoren sind mit Zentralumlaufschmierung ausgerüstet, das Auspuffrohr ist wassergekühlt. Bei den 6 Zylinder-Modellen ist das Schwungrad vollständig gekapselt. Das Kurbelgehäuse besteht aus Ober- und Unterteil. Die Oelwanne ist so ausgebildet, daß sie auch das Getriebe umfaßt. Ein besonderer Rahmen (Frame) für Motor und Getriebe kommt bei den Kermath-Maschinen nicht in Frage, da das Kurbelgehäuse die nötige Auflage für die Fundamente besitzt, wodurch nicht unerheblich an Gewicht gespart wird. Aus- und Einlaßventile, die sämtlich an der einen Seite stehend angeordnet sind, sind gesteuert und verleihen, da reichlich bemessen, den Motoren eine hohe Leistung. Die Kermath-Motoren haben nicht nur in Amerika, sondern auch in allen anderen Erdteilen große Verbreitung gefunden. In Deutschland haben sich die Motoren recht gut eingeführt.

* * *

Kompressorlose Diesel-Motoren der Maschinenfabrik Augsburg-Nürnberg, A. G.

Der kompressorlose M. A. N. - Dieselmotor ist auf Grund eingehender Versuche mit verschiedenen Möglichkeiten der luftlosen Einspritzung entwickelt worden. Dabei wurde neben günstigem Brennstoffverbrauch vor allem auf größte Betriebssicherheit, ruhigen Gang und einfachste Bedienung sowohl im Betrieb als auch beim Anlassen der Maschine Wert gelegt. Der so entwickelte Motor unterscheidet sich von dem normalen Dieselmotor im wesentlichen nur dadurch, daß die Einspritzung des Brennstoffes unmittelbar d u r c h d i e B r e n n s t o f f p u m p e, unter hohem Druck, jedoch ohne Zuhilfenahme von Druckluft, erfolgt. Der Motor arbeitet im einfachwirkenden Viertaktverfahren. Beim ersten Niedergang des Kolbens wird reine Luft in den Zylinder gesaugt, die beim Rückwärtsgang auf etwa 25 at verdichtet wird. Die dabei erreichte Temperatur genügt auch bei kalter Maschine zur Entzündung des in den Zylinder gelangenden zerstäubten Brennstoffes. Die Einspritzung des letzteren beginnt kurz vor dem oberen Totpunkt und wird durch eine offene Düse unter hohem Druck von einer besonderen Brennstoffpumpe mit Nockenantrieb bewerkstelligt. Der Verbrennung folgt in bekannter Weise der Arbeitshub und dann der Auspuffhub, worauf das Arbeitsspiel von neuem beginnt.

Das A n l a s s e n des Motors geschieht bei den größeren Motoren durch D r u c k l u f t von 15 bis 25 at Spannung, welche durch eine besondere kleine Anlaßluftpumpe erzeugt wird, sofern dieselbe nicht schon von einer anderen Anlage her zur Verfügung steht. Die Brennstoffpumpe arbeitet entweder schon während des Anlassens oder wird sofort nach dem Anlassen eingeschaltet, so daß der Motor bei den ersten Umdrehungen zündet und dann ohne weiteres in den normalen Betrieb übergeht. Die Gefahr von hohen Zündungsdrücken ist bei der verwendeten Art der Brennstoffeinspritzung vollkommen ausgeschlossen.

Die Inbetriebsetzung kann jederzeit sofort und ohne Zuhilfenahme irgend welcher Hilfszündvorrichtungen erfolgen. Sofort nach dem Anlassen kann der Motor belastet werden. Als Brennstoffe können für den Betrieb des Motors Gasöl, Braunkohlenteeröl, Paraffinöl, Solaröl, Rositzer Treiböl, Schieferöl, ferner auf Wunsch auch Steinkohlenteeröl verwendet werden.

Der Brennstoffverbrauch ist sehr mäßig und beträgt z. B. für einen Sechszylinder-Dieselmotor von 370/500 PSe nur 167 g/PSe.-Std. bei Normallast für ortsfeste Motoren. Die Regelung erfolgt dabei selbsttätig mittels eines genau arbeitenden Fliehkraftreglers durch Beeinflussung der Brennstoffzufuhr. Bei den Schiffsmotoren erfolgt bekanntlich Regelung von Hand; nur für Maximaldrehzahl ist Sicherheitsregler vorhanden. Der Motor nimmt Belastungsstöße leicht und sicher auf und kann auch nach längerem Betrieb mit geringer Last ohne Vorbereitungen mit voller Leistung beansprucht werden. Die Bedienung ist infolge des Fortfalles der Einblasepumpe, Einblaseflasche, Hochdruckluftleitungen sowie der Brennstoffventile die denkbar einfachste.

Eine besondere Stellung nehmen dabei die sogenannten Motoren leichter Bauart der M. A. N. ein, die u. a. auch als Lastwagen-Maschinen Verwendung finden. Bemerkenswert ist dabei, daß diese Motoren unter Verwendung der wesentlichsten Bauteile eines normalen Vergasermotors entstanden sind. An Stelle des Vergasers und des Zündapparates tritt die Brennstoffpumpe, die den Brennstoff nach den Einspritzdüsen fördert. Diese Düsen sind an Stelle der Zündkerzen eingebaut und wie diese gegebenenfalls leicht auswechselbar. Die Leistung des Motors beträgt etwa 40 bis 52 PSe bei einer Drehzahl von 900 bis 1100 in der Minute; das Gewicht ist nur wenig höher als dasjenige des gleichstarken Vergasermotors. Als Brennstoffe kommen Gasöl, Paraffinöl, Braunkohlenteeröl, Schieferöl, Petroleum usw. in Frage. Der spezifische Brennstoffverbrauch ist nicht unwesentlich geringer als bei Vergasermotoren mit Benzol- oder gar Benzinbetrieb; er nimmt mit kleinerwerdender Motorbelastung erheblich langsamer zu als es bei letztgenannten Motoren der Fall ist. Aus diesem Grunde zeigt der M. A. N.-Dieselmotor leichter Bauart gerade im eigentlichen Fahrbetrieb seine große Ueberlegenheit, da hierbei meist mit stark wechselnder, im Durchschnitt kleinerer Belastung, als der Normallast des Motors entspricht, gearbeitet wird. Vergleichsfahrten haben auch einen wesentlich geringeren Brennstoffverbrauch des Dieselmotors für 100 km Fahrtleistung ergeben.

Das Anlassen dieser Motoren kann ohne weiteres von Hand, oder auch durch einen elektrischen Anlasser erfolgen; die Mitführung oder Beschaffung von Druckluft entfällt hier also vollkommen. Für den Gebrauch als Wagenmotor ist die Maschine vollkommen staubdicht gekapselt; trotzdem sind alle wichtigen Organe, wie Steuerung, Brennstoffpumpe usw. mit wenigen Handgriffen zugänglich und können nötigenfalls in einigen Minuten durch mitgeführte Reserveteile ersetzt werden. Die Regulierung kann wie bei einem Vergasermotor in einfacher Weise von Hand betätigt werden und zwar können zwischen den Drehzahlen von 400 bis 1100 alle Belastungsgrade von 0 bis 1/1 Drehmoment anstandslos gefahren werden. Außerdem besitzt die Maschine einen Fliehkraftregler, welcher bei einer Höchstzahl von etwa 1100 die Fördermenge der Brennstoffpumpe vermindert und sie bis auf Leerlauffüllung herabreguliert; die Maschine ist dadurch vor dem Durchgehen geschützt.

Die Schmierung erfolgt automatisch durch Preßöl, welches durch eine von der Maschine getriebene Schmierölpumpe in Umlauf gesetzt wird. Die Kühlwasserpumpe wird ebenfalls direkt vom Motor angetrieben.

Motoren dieser Bauart sind in mehrmonatigem Dauerbetrieb im Lastwagen und im Motorpflug, also unter wesentlich härteren Bedingungen als sie für einen Bootsmotor gelten, erprobt worden. Sie wurden dabei unter den normalen Betriebsverhältnissen gefahren und haben hierbei ihre Zuverlässigkeit und Anpassungsfähigkeit an die Bedingungen des Fahr- bzw. Pflugbetriebes bewiesen. Jeder einigermaßen geschulte Maschinenführer, welcher sich mit dem Arbeiten der einzelnen Teile dieser Motoren einmal befaßt hat, ist imstande, die Maschine einwandfrei zu bedienen.

* * *

Kompressorlose Dieselmotoren der Motorenwerke Mannheim (vorm. Benz).

Am 3. Juli 1895 machte D i e s e l in Augsburg den ersten Versuch mit dem Dieselmotor mit e i g e n e r Zündung. Sofort nach dem Ueber-

Typen moderner Boots-Motoren

gang aus der Anlaßstellung in die Betriebsstellung erfolgten Zündungen, wodurch der Nachweis erbracht wurde, daß der Motor ohne jede Vorbereitung stets betriebsbereit ist, was besonders von einer Maschine für den Schiffsbetrieb verlangt werden muß.

Seit dieser Zeit hat der Dieselmotor einen langen Weg der Entwicklung durchgemacht und ist heute so durchgebildet, daß er in bezug auf Betriebssicherheit und Wirtschaftlichkeit unerreicht dasteht. Abweichend von sonstigen Erfindungen und Maschinen wurden im Laufe der Jahre hauptsächlich Motoren von mittlerer und dann größerer Leistung hergestellt. Motoren mit weniger als 25 PS. Leistung pro Zylinder kamen nur ausnahmsweise zur Ausführung. Dieses hatte seine Hauptursache in den hohen Herstellungskosten und der großen Empfindlichkeit des Kompressors, der bei den damaligen Bauarten zur Erzeugung der Einblaseluft für die Zerstäubung des Brennstoffes gebraucht wurde. Erst durch den kompressorlosen Dieselmotor wurde es möglich, auch Maschinen für den Kleinbetrieb herzustellen, und die Motoren-Werke Mannheim brachten ihrerseits nach gründlichen Versuchen die ersten Maschinen dieser Art im Jahre 1919 auf den Markt.

Es kommen für die vorliegenden Betrachtungen im wesentlichen die mit „RH" bezeichneten Typen in Betracht, die zurzeit in 13 Größen von 9—210 PS und mit 1, 2, 3, 4 und 6 Zylindern hergestellt werden.

Wir geben nachstehend eine Liste dieser Maschinen, aus der alle erforderlichen Daten ersichtlich sind:

Bauart		Normal-Leistung bei 800 Umdr.	Der Motor kann außerdem auf folgende Normal-Leistungen eingestellt werden:		
			bei 500 Umdrehungen	bei 600 Umdrehungen	bei 700 Umdrehungen
RH 18 E	1 Zylinder	9 PSe	5,5 PSe	7 PSe	8 PSe
RH 18 Z	2 „	18 „	11 „	14 „	16 „
RH 18 D	3 „	27 „	16,5 „	21 „	24 „
RH 18 V	4 „	36 „	22 „	28 „	32 „

Bauart		Normal-Leistung bei 500 Umdr.	Der Motor kann außerdem auf folgende Normal-Leistungen eingestellt werden:			
			bei 350 Umdr.	bei 400 Umdr.	bei 430 Umdr.	bei 470 Umdr.
RH 24 E	1 Zylinder	15 PSe	10 PSe	12 PSe	13 PSe	14 PSe
RH 24 Z	2 „	30 „	20 „	24 „	26 „	28 „
RH 24 D	3 „	45 „	30 „	36 „	39 „	42 „
RH 24 V	4 „	60 „	40 „	48 „	52 „	56 „
RH 24 S	6 „	90 „	60 „	72 „	78 „	84 „

Kapitel VIII

Bauart		Normal-Leistung bei 320 Umdr.	Der Motor kann außerdem auf folgende Normal-Leistungen eingestellt werden:	
			bei 230 Umdrehungen	bei 275 Umdrehungen
RH 35 Z	2 Zylinder	70 PSe	50 PSe	60 PSe
RH 35 D	3 „	105 „	75 „	90 „
RH 35 V	4 „	140 „	100 „	120 „
RH 35 S	6 „	210 „	150 „	180 „

Alle Motoren zeichnen sich durch einfache und übersichtliche Bauart, geringen Raumbedarf und geringen Brennstoff- und Schmierölverbrauch aus. Ein großer Vorzug ist die vollkommen selbsttätige Regulierung der Brennstoffzufuhr, die den Verbrauch von der größeren oder geringeren Aufmerksamkeit der Bedienung unabhängig macht. Als Brennstoffe gelangen alle Arten von Erdölen und deren Auszüge (Gasöl, Petroleum, Rohöl, Masut, Paraffinöl, Braunkohlen-Teeröl) zur Verwendung.

Alle Maschinen sind von senkrechter Bauart und arbeiten nach dem Viertakt-Verfahren. Der Kolben saugt während des Abwärtshubes reine Luft ein (1. Hub), die während des Aufwärtshubes in solchem Grade zusammengepreßt wird, daß die Temperatur dieser zusammengepreßten Luft den Zündpunkt des Brennstoffes überschreitet (2. Hub). Am Ende dieses Hubes wird der Brennstoff ohne Zuhilfenahme von Einblaseluft durch die Pumpe in den Verbrennungsraum eingespritzt. Die Verbrennung findet statt, nachdem der Brennstoff zerstäubt ist, wodurch der Kolben abwärts bewegt wird und Kraft entwickelt (3. Hub). Beim Aufwärtsgehen des Kolbens werden die Verbrennungsgase durch Auspuffventile ins Freie gedrückt (4. Hub).

Die Motoren sind nicht umsteuerbar. Für die Umsteuerung des Propellers ist ein Wendegetriebe erforderlich. Dieses Wendegetriebe wird bei Bauart RH 35 auf einer Grundplatte befestigt, die ihrerseits fest mit der Maschinengrundplatte verschraubt wird, wodurch eine gute Verbindung mit dem Schiffskörper gewährleistet wird. Die Bedienung des Wendegetriebes ist sehr einfach. Kleinere Bauarten werden durch Handhebel bedient, größere mittelst Handrad, beide für 3 Stellungen: „Voraus", „Stop" und „Zurück".

Auf die leichte Zugänglichkeit und einfachen Anbau des Getriebes ist der größte Wert gelegt worden. Die Wartung ist ebenfalls sehr einfach. Sie besteht im wesentlichen darin, von Zeit zu Zeit etwas Oel nachzufüllen, so daß also jeder Laie imstande ist, sich in kurzer Zeit mit dem Wesen des Motors vertraut zu machen.

Das **Anlassen** erfolgt bei dem kleinen Typ von 6—9 PS. pro Zylinder von Hand durch eine Andrehkurbel, bei den größeren Motoren durch Druckluft, die vom Arbeitszylinder selbst erzeugt wird. Ein Anwärmen mittels Heizlampe ist nicht erforderlich. Alle empfindlichen Zündvorrichtungen, wie Magnet-Apparate, Zündkerzen und Kabel, ebenso die sonst gebräuchlichen Schmierapparate, Oelgläser und Schmierrohre außerhalb der Maschine fehlen bei diesen Motoren. Die **Zündung** erfolgt durch die im Zylinder verdichtete und dadurch auf etwa 500 Grad erwärmte Luft absolut sicher, so daß ein Versagen auch bei kalter Temperatur nicht auftritt. Eine nennenswerte Drucksteigerung über die Verdichtungsendspannung ist nicht vorhanden, so daß die Maschinen sehr ruhig laufen. Für die **Schmierung** ist in der geschlossenen Grundplatte eine Zahnradpumpe eingebaut, die alle Teile reichlich mit Oel versorgt.

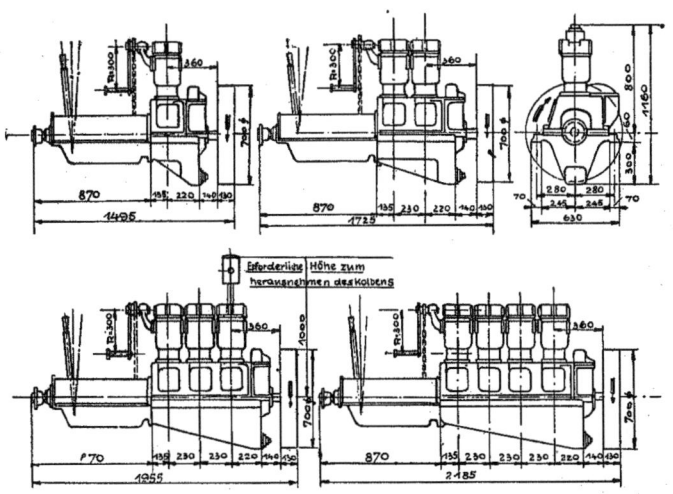

Abb. 33. 1-, 2-, 3- und 4-Zylinder-kompressorlose Dieselmotoren der Motorenwerke Mannheim.

Die **Einführung des Brennstoffes** in den Zylinder erfolgt ohne Druckluft nur durch die Brennstoffpumpe. Diese drückt das Rohöl durch das vom Pumpendruck hydraulisch gesteuerte Brennstoffventil in eine Vorkammer des Zylinderdeckels. In dieser Zündkammer herrscht derselbe Verdichtungsdruck wie im Zylinder. Entsprechend der vorhandenen Luftmenge entzündet sich hier ein Teil des Brennstoffes und durch die dabei auftretende Drucksteigerung wird das restliche Rohöl durch 6—8 Oeffnungen von etwa 2 mm Durchmesser in den Zylinder getrieben, wo es ebenfalls verbrennt. Diese Bauweise hat den Vorteil, daß die Brennstoffpumpe nur mit einem Druck von 50—70 at., entsprechend dem Verdichtungsdruck und den Widerständen der Rohrleitung bzw. des Brennstoffventils, arbeitet. Die Maschinen sind mit allen Einrichtungen für einen sicheren Betrieb, z. B. Brennstoff- und Wasserfilter, Kühl- und Lenzpumpe, Präzisionsregulierung, Tourenversteller usw. versehen. Die Wartung ist sehr einfach und für die Bedienung sind besondere Fachkenntnisse nicht erforderlich, so daß jeder Barkassenführer den Motor in Ordnung halten kann.

Was den Brennstoff-Verbrauch angeht, so wird derselbe — unter Vorbehalt von ca. 10% Toleranz — von der Fabrik auf durchschnittlich 230—240 g für die Stunde und Pferdestärke angegeben. Ein Motor der angeführten Type „RH 18 V", also ein Vierzylinder von normal 36 PS, würde hiernach bei voller Leistung — die vorübergehend um ca. 10% überschritten werden kann — 8,28—9,11 kg Brennstoff für die Stunde verbrauchen.

Die Verbrauchsangaben sind, was der Laie beachten muß, selbstverständlich nicht unter allen Umständen absolut zu nehmen. Sie richten sich nach dem Heizwert des betreffenden Brennstoffes, der Temperatur usw. und gelten hier für Rohöl von mindestens 10 000 Kalorien und für einen Barometerstand von 760 mm und 15° Celsius Außen-Temperatur.

* * *

Magnet-Motoren A.-G., Berlin-Weißensee.

Die Magnet-Motorenwerke gehören zu den Firmen, die sich schon seit längerer Zeit auch mit der Herstellung besonderer Bootsmaschinen beschäftigen und in dem von Anfang an gewählten Rahmen auch auf zufriedenstellende Erfolge zurückblicken können.

Die Magnet-Bootsmotoren werden in folgenden Typen und Stärken als 2-, 4- und 6-Zylinder-Maschinen hergestellt:

Benennung nach Bremsleistung	3/4 PS	7/8 PS	7/8 PS	12/14 PS
Anzahl der Zylinder	2	4	2	4
Bohrung	62	62	77	77
Hub	86	86	110	110
Steuer-Formel	1.98	3.96	3.92	7.84
Drehzahl	1000/1200	1000/1200	1000/1200	1000/1200
Gewicht des Motors	55 kg	80 kg	80 kg	120 kg
Gewicht des Motors mit angebautem Wende-Getriebe	ca. 90 kg	ca. 130 kg	ca. 130 kg	ca. 190 kg

Die Ausführung lehnt sich an die bewährten Konstruktionen früherer Jahre an, unter Berücksichtigung erprobter Neuerungen. Das Gehäuse ist aus bester Aluminium-Legierung gefertigt. Die Zylinder sind paarweise gegossen, die Kurbelwelle ist aus Spezial-Stahl gefertigt, in großen Kugellagern laufend, die Ventile sind einseitig gesteuert und durch gleichmäßige Abmessung auswechselbar angeordnet, sowie durch leicht abnehmbare Deckel staubdicht verschlossen. Sämtliche Materialien und Zubehör sind auf Grund langjähriger Erfahrung gewählt. Die Kühlung geschieht durch Zahnrad-Wasserpumpe, für die Schmierung ist die bewährte Bosch-Oelpumpe, für die Zündung Bosch- oder Mea-Hochspannungs-Magnet vorgesehen und für die Vergasung der bestens bewährte Pallas-Vergaser oder Vergaser gleicher Güte. Der Gang des Motors ist äußerst ruhig und geschmeidig.

* * *

Roberts-Bootsmotor.

Zu den in letzter Zeit nach Deutschland eingeführten Erzeugnissen der amerikanischen Bootsmotoren-Industrie gehören auch die Maschinen der Roberts-Motor-Company, und es ist für den Stand der Dinge auf diesem Gebiet drüben bezeichnend, daß die Jahresproduktion dieser einen Firma auf ca. 40 000 Stück angegeben wird.

Die Motoren sind Vierzylinder mit Wasserkühlung, gesteuerten Ventilen und angebautem Wendegetriebe. Wie üblich werden sie als vollkommen komplette Aggregate mit Lichtmaschine, elektr. Anlasser, Batterie und der gesamten Propelleranlage (Welle, Stopfbuchse, Schraube) geliefert. Es werden in der Hauptsache zwei Typen gebaut: das Modell „R" mit einer Leistung von 16/20 PS. bei $3^{25}/_{32}$ Zoll Bohrung und 4 Zoll Hub und das Modell „A" von 25/35 PS. bei 4×5 Zoll.

Bemerkenswert und echt amerikanisch erscheint die Art, in der versucht worden ist, die Beschaffung von Ersatzteilen für diese, stark auf Export eingestellten Maschinen zu lösen. Es ist nämlich durch Schaffung einer Interessengemeinschaft mit der **Automobilfirma Ford**, zur Erleichterung der Verkaufsorganisation, ein Abkommen dahingehend getroffen, daß sämtliche Ford-Vertretungen verpflichtet sind, Roberts' Ersatzteile stets vorrätig auf Lager zu führen. Es ist auch bereits jeder vitale Ersatzteil in 33 Städten Deutschlands sofort zu haben.

* * *

Vierzylinder-Bootsmotor, Type B I der Siemens & Halske A.-G., 10/12 PS.

Der Motor (s. Abb. 34) arbeitet nach dem Viertaktprinzip. Das explosive Gasgemisch wird in einem Vergaser hergestellt, in welchem sich der zerstäubte Brennstoff mit Luft mischt und von dort aus durch eine Ansaugleitung und das Einlaßventil in den Arbeitszylinder geführt wird.

Der Motor besitzt vier hintereinanderliegende Zylinder von 70 mm Bohrung, welche mit dem Kurbelgehäuse-Oberteil in einem Block gegossen sind. Der Zylinderkopf (46) ist abnehmbar und gegen den Zylinderblock durch eine Kupferasbestplatte vollständig abgedichtet. Beide Teile werden durch kräftige Schraubenbolzen miteinander verschraubt. In dem Zylinderkopf sind die Ventile (50) hängend in reichlich bemessenen Führungen eingebaut. Infolge dieser Anordnung erhält der Kompressionsraum eine außerordentlich

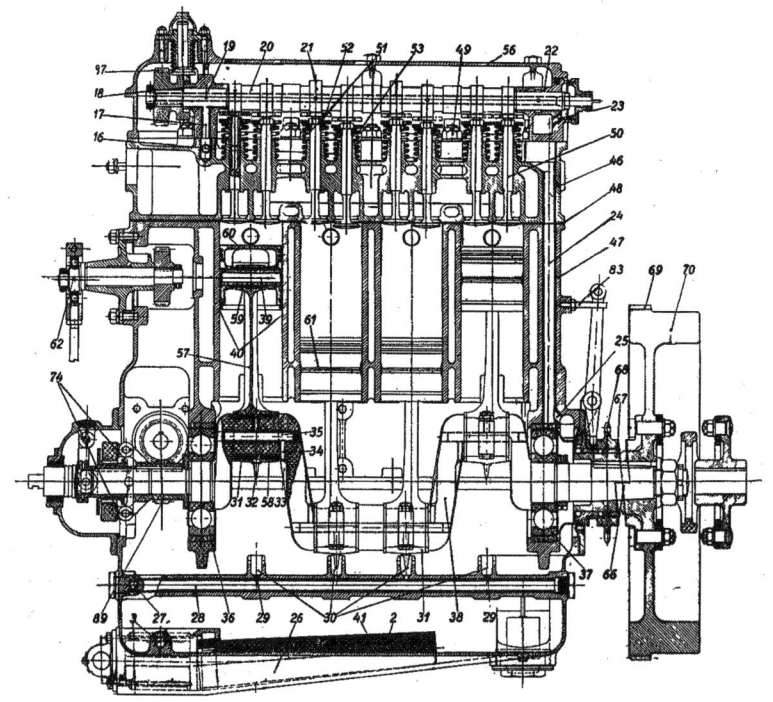

Abb. 34. Siemens-Bootsmotor, Längsschnitt.

günstige Form, und besitzt vor allem keine seitlichen Kammern und Ausbuchtungen, was die bestmöglichste Ausnützung des Motors durch höchste Leistung und geringsten Brennstoffverbrauch verbürgt. Das Abnehmen des Zylinderkopfes kann durch Lösen der Befestigungsschrauben schnell und leicht erfolgen, womit der ganze Kompressionsraum für die gründliche und bequeme Reinigung zugänglich wird. Auch das Einschleifen der Ventile läßt sich bei abgenommenem Zylinderkopf besonders leicht und gründlich vornehmen.

Die Saug- und Auspuffkanäle sind in den Zylinderblock mit eingegossen und vom Kühlwasser umspült, wodurch eine günstige Wärmeverteilung erreicht wird und der Motor äußerlich eine glatte, gefällige Form erhält.

Die Nockenwelle (20) liegt über der Mitte des Zylinderkopfes und arbeitet mittels ihrer 8 Nocken unmittelbar auf die darunter liegenden Ventile. Bei dieser Anordnung kommen jegliche Zwischenorgane, wie Schwinghebel, Stoßstangen usw. in Fortfall, wodurch ein ruhiges Arbeiten der Steuerung erreicht wird. Die Einstellung des notwendigen Zwischenraumes von etwa 0,3 mm zwischen Nocken und Ventil geschieht in einfacher Weise durch Verdrehen des in den Ventilschaft eingeschraubten und durch eine Gegenmutter gesicherten Ventiltellers. Durch Spezialfedern werden die Ventile gegen ihren Sitz gedrückt.

Mit dem Lösen der Befestigungsschrauben der beiden Lagerböcke läßt sich die Nockenwelle sehr leicht vom Zylinderkopf abnehmen. Der Antrieb der Nockenwelle erfolgt mittels gehärteter Schraubenräder durch eine vorn am Motor angeordnete senkrechte Welle, welche gleichzeitig den Antrieb der Oelpumpe und der Wasserpumpe liefert. Die senkrechte Welle und die Nockenwelle sind durchbohrt; ihre Lager, Antriebsräder, Nocken und sonstige Organe werden von innen her mittels Drucköl geschmiert. Die Nockenwelle und der gesamte Steuerungsmechanismus werden durch eine auf den Zylinderkopf aufgeschraubte, leicht abnehmbare Schutzhaube vollkommen staubdicht eingeschlossen. Diese Haube trägt auch die Luftpumpe für die Brennstoff-Druckförderung.

Die aus hochwertigem Material gepreßte Kurbelwelle (38) läuft auf reichlich bemessenen Kugellagern. Die geschliffenen Kurbelzapfen sind so bemessen, daß die Lagerstellen sehr gering belastet sind. Die Kurbelwellenschenkel haben taschenförmige Einfräsungen, von denen das Spritzöl im Kurbelgehäuse aufgefangen und durch entsprechende Bohrungen des Kurbelzapfens zu den Pleuellagern weitergeleitet wird. Die Pleuelstangen (57) besitzen auswechselbare mit Weißmetall ausgegossene Bronze-Lagerschalen. Das Kolbenbolzenauge ist mit einer Bronzebuchse versehen.

Die Kolben (60) sind aus Spezialgußeisen und haben außer den drei oberen Dichtungsringen noch einen Oelabstreifring am unteren Rande und einen mittleren Ring zum Festhalten der Kolbenbolzen.

Das Gehäuse-Unterteil (41) ist aus Aluminium gegossen und dient als Oelvorratbehälter. Es läßt sich leicht abnehmen, wodurch die Kurbelwelle und der Kurbeltrieb zugänglich werden. In das Gehäuse-Unterteil sind auch die Oelpumpe, sowie die Oelverteilung für die Tauchschmierung untergebracht.

Die Kühlung des Motors erfolgt durch Frischwasser, welches von einer Kolbenwasserpumpe gefördert wird. Die Wasserpumpe wird mittels eines Exenterantriebes vorn am Motor von der senkrechten Welle aus betätigt. Das Kühlwasser wird durch den Seehahn und einen Schlammfilter nach der Pumpe gesaugt und dann durch die Kühlmäntel des Zylinderblocks und Zylinderkopfes geleitet. An der höchsten Stelle tritt das Wasser aus dem Motor heraus und kann zwecks Dämpfung des Auspuffgeräusches und der Kühlung der Auspuffleitung in diese hineingeführt und mit den Auspuffgasen außenbords geleitet werden. Die Kühlwasserpumpe und deren Organe sind aus Bronze hergestellt und daher gegen Seewasser widerstandsfähig. Durch Lösen des Befestigungsbügels läßt sich die Haube des Druckwindkessels leicht abnehmen, wodurch das Druck- und das Saugventil bequem zugänglich gemacht werden können, was für eine schnelle Prüfung und Reinigung der Pumpenorgane wichtig ist.

Die Wasserpumpe ist mit zwei Entwässerungshähnen versehen, mittels welcher das gesamte Kühlwasser des Motors und der Pumpe abgelassen werden kann. Bei Frostgefahr ist es unbedingt erforderlich, alle Wasserräume und Leitungen zu entwässern. Nachdem der Seehahn geschlossen, sind auch Schlammfilter und Saugleitung zur Wasserpumpe vollständig zu entleeren.

Der Motor ist mit der „Siemens"-Lichtbogenzündung ausgerüstet. Die Entflammung des Gemischs erfolgt durch „Siemens"-Zündkerzen, Type B. Die Kerzen erhalten den Hochspannungszündstrom von dem „Siemens"-Zündapparat, Type E 4. Die Zuführungskabel sind im Rohr verlegt. Der Zündapparat wird von der Kurbelwelle des Motors aus mittels Schraubenrädern und Querwelle angetrieben. Zwischen Antriebswelle und Zündapparat ist eine elastische Kupplung eingeschaltet. Der Zündapparat ist in seiner Stellung durch zwei Paßstifte gesichert und wird durch ein leicht lösbares Spannband auf einer Grundplatte festgehalten. Der Zündapparat ist mittels eines Kabels an einen Siemens-Ausschalter angeschlossen.

Die Schmierung des Motors erfolgt durch eine kombinierte Tauch- und Druckschmierung, wobei das Oel mittels einer O e l p u m p e in Umlauf versetzt wird. Der Oelvorrat befindet sich in dem als Oelwanne ausgebildeten Gehäuseunterteil. Das Einfüllen des Oeles geschieht durch einen, auf der Vergaserseite des Motors befindlichen, gleichzeitig als Entlüfter ausgebildeten, Einfüllstutzen. In demselben ist zwecks Reinigung des aufzufüllenden Oeles ein Oelsieb eingebaut. Um den jeweiligen Oelstand in der Oelwanne feststellen zu können, ist das Gehäuse-Unterteil mit einer Schwimmer-Vorrichtung ausgerüstet. Das obere Ende der Schwimmernadel ist durch ein Schauglas sichtbar, das ebenfalls an der Vergaserseite des Motors angeordnet ist. Zwei Marken zeigen den tiefsten und den höchsten Oelstand an.

Sobald die Schwimmernadel bis zur unteren Marke herabgesunken ist, muß frisches Oel durch den Einfüllstutzen zugegossen werden und zwar solange, bis die Nadel an der oberen Marke angelangt ist. Das Füllen des Gehäuses mit Oel über die Höchst-Standmarke der Oelstandkontrolle hinaus ist zu vermeiden, da sonst ein Verölen des Motors eintreten kann. Die Oelpumpe saugt das Oel durch ein reichlich bemessenes an der tiefsten Stelle der Oelwanne angebrachtes Oelsieb an und drückt es in einen Kanal, der einerseits zum einstellbaren Ueberlaufventil führt, anderseits das Drucköl zu dem unteren Lager der vertikalen Steuerantriebswelle leitet. Aus einem Ringkanal dieses Lagers gelangt das Oel durch Bohrungen in die hohle Vertikalwelle. Die auf dieser Welle sitzenden 3 Schraubenräder werden nun von innen aus durch kleine Bohrungen reichlich mit Oel versehen, ebenso auch alle Lagerstellen. An der oberen Lagerstelle wird das Oel in einem Ringkanal aufgefangen und durch Kanäle im Zylinderkopf und im Lagerbock zum vorderen Nockenwellenlager geführt. Hier tritt das Drucköl durch eine Bohrung in die hohle Nockenwelle und schmiert von innen aus alle Nocken und auch das hintere Nockenwellenlager. Alles überschüssige Oel wird gesammelt und läuft durch Rücklaufkanäle in die Oelwanne zurück. Durch entsprechendes Anspannen der Ventilfeder des Ueberlaufventils wird der Oeldruck in der Druckleitung auf 0,4 bis 0,6 at eingestellt. Ein am Zylinderkopf vorn links angebrachter Nippel steht mit der Druckleitung in Verbindung. An dieser wird mittels eines Kupferrohres das Oelmanometer angeschlossen.

Das Oelmanometer zeigt während des Betriebes den Oeldruck ständig an und dient so zur Prüfung der guten Arbeitsweise der Oelung. Das im Ueberlauf durchströmende Oel wird in ein Verteilerrohr geleitet, welches unterhalb der Trennwand der Oelkammer angeordnet ist und mittels Bohrungen die aufgegossenen Tauchnäpfe mit Oel füllt. Die Seitenwände der Tauchnäpfe sind auf genauer Höhe abgefräst und abgeschrägt, so daß sich das Oel auf eine bestimmte unveränderliche Höhe einstellt.

Das über die Ränder laufende Oel wird durch entsprechende Durchbrechungen in die Wanne zurückgeleitet. Das Oel befindet sich also in ständigem Kreislauf. Es wird vor dem Eintritt in die Pumpe im Oelsieb gründlich gereinigt. Vom Ueberlaufventil führt eine Zweigleitung nach dem Hauptölrohr, von welchem durch die Bohrungen die Tauchnäpfe gespeist werden. In das Oel der Tauchnäpfe tauchen im Vorbeistreichen die an den Pleuelstangenlagerdeckeln befestigten Tauchstifte und erzeugen im Kurbelgehäuse einen dichten Oelnebel. Dieses Schleuderöl wird in taschenförmigen Ausfräsungen der langen Schenkel der Kurbelwelle aufgefangen und gelangt unter dem Einfluß der Fliehkraft durch entsprechende Bohrungen in die hohlen Pleuellagerzapfen und von da zu den Laufflächen der Pleuellager. Auch das von den Schäften der Pleuelstange aufgefangene Schleuderöl wird in muldenförmigen Ausfräsungen der Pleuelstangenköpfe gesammelt und durch Bohrungen zu den Lagern geführt. Das Schleuderöl im Gehäuse schmiert auch die Hauptkugellager auf der Kurbelwelle, die Kolbenbolzen und die Zylinderlaufflächen. Die Oelpumpe ist in das Gehäuse-Unterteil eingebaut und wird von der vertikalen Antriebswelle des Motors unmittelbar durch einen einfachen Mitnehmer angetrieben. Die Pumpe ist als Exzenter-Schieberpumpe gebaut und arbeitet geräuschlos. Durch Lösen des Pumpendeckels werden Pumpenschieber und Pumpenwelle zugänglich, und auch der Pumpenkörper läßt sich dann leicht nach unten aus dem Gehäuse herausziehen. Das Kugellager des Exzenters zum Wasserpumpenantrieb ist von Zeit zu Zeit mit Staufferfett zu schmieren.

Der Brennstoff wird dem Vergaser entweder durch natürliches Gefälle oder bei tiefliegendem Brennstoffbehälter mittels Druckluft zugeführt. Vor der Inbetriebsetzung wird mittels einer Handluftpumpe der erforderliche Ueberdruck von 0,2 bis 0,3 at erzeugt. Während des Betriebes hält eine von der Nockenwelle mitbetätigte, vorn an der Motorhaube angeordnete Luftpumpe diesen Druck konstant. Ein Kontrollmanometer zeigt den jeweiligen Ueberdruck im Brennstoffbehälter an.

Der Motor ist mit einer Andrehvorrichtung versehen, welche an der Getriebeseite angeordnet ist. Auf Wunsch wird außer dieser Andrehvorrichtung ein Anlaßmotor geliefert, der aus einer Batterie gespeist wird und mittels eines Ritzels direkt in eine Verzahnung des Schwungradkranzes eingreift und den Motor anwirft, sobald auf einen Druckknopf des zugehörigen Schaltkastens gedrückt wird. Der Anlaßmotor ist auf einer Konsole des Motorfußes mittels eines Spannbandes befestigt. Weiter kann auf Wunsch der Motor auch mit einer Lichtmaschine gekuppelt werden, die auf einer Traverse des Motorrahmens gelagert und vom vorderen Kurbelwellenende mittels elastischer Kuppelung angetrieben wird. Die Lichtmaschine schaltet sich bei laufendem Motor selbsttätig ein und ladet die Batterie ständig auf. Die Batterie liefert den Strom für den Anlaßmotor, sowie für die gesamte Beleuchtung.

Um bei plötzlicher Entlastung des Motors eine übermäßige Steigerung der Drehzahl zu verhindern, ist die Vergaserdrossel durch ein Gestänge mit dem Regulator verbunden. Der Fliehkraftregler sitzt am vorderen Kurbelwellenende und ist in einem abnehmbaren, dicht abgeschlossenen Gehäuse eingekapselt. Am Gestänge ist eine Druckfeder vorgesehen, welche nachgespannt werden kann, um die Drehzahl innerhalb der praktisch notwendigen Grenzen einstellen zu können. Sobald die Betriebsdrehzahl überschritten wird, schließt der Regler die Drossel des Vergasers und hält den Motor auf gleichbleibender Drehzahl.

* * *

Außenbord- und Einbaumotor der Zschopauer Motoren-Werke.

Der bekannte „D. K. W." - Motor der Zschopauer Werke hat sich besonders als Fahrradmotor einen außerordentlich guten Ruf zu erringen gewußt und zählt unstreitig zu den besten Kleinmotoren überhaupt. Für den Bordbedarf baut die Firma seit einiger Zeit drei verschiedene Antriebsaggregate, von denen besonders der sogenannte „Z"-E i n b a u - M o t o r gerade für den Kleinsegler beachtenswert erscheint, da er für diesen das Hilfsmotor-Problem in wirklich glücklicher Weise löst. Das „Wie" dieser Lösung ist einfach darin zu erblicken, daß der Schraubenantrieb durch Abhängen vom Heck ganz entfernt und das Boot als Segelfahrzeug weiter gefahren werden kann. Der Motor selbst ist im Boot hängend durch ein scharnierartiges Lager, Scharnierbolzen und Hohlschraube am Bootsboden befestigt. Das Kühlwasser wird durch die Strömung der Fahrtrichtung durch den Motorzylinder gedrückt. Ein reichlich dimensionierter Auspufftopf entspannt die Abgase des Motors, die durch ein Rohr abgeleitet werden; durch einen biegsamen Metallschlauch können die geringen und unschädlichen Abgase unter Wasser geleitet werden. Der Benzintank ragt mit seiner Einfüllverschraubung durch den Bootsspiegel hindurch, ist also leicht zugänglich, abgesehen davon, daß durch diese Einrichtung auch während der Fahrt Betriebsstoff nachgefüllt werden kann. Die Antriebswelle für das Kettenrad ist mit dem Motor kardanartig verbunden und im Gehäuse nochmals gelagert. Der Kettenradantrieb für den Stahlpropeller ist in Führungsrohren und Kettenradgehäuse wasserdicht eingeschlossen.

Auch bei dem reinen Außenbordmotor ist der Kettenantrieb der Schraube beibehalten. Im übrigen wird er, wie andere seiner Art in einfachster Weise auf dem Heck befestigt. Das Anwerfen des Motors geschieht durch die mit Leerlauf versehene Anwurfscheibe mit Hilfe eines Gurtes. Das Kühlwasser tritt durch die Rohrleitung ein und wird durch die Strömung der Fahrtrichtung durch den Motorzylinder gedrückt, wo es sichtbar wieder austritt, so daß die Kühlung mühelos überwacht werden kann. Die Abgase des Motors werden durch das Auspuffrohr in die als Auspufftopf ausgebildete Gehäusekappe geleitet, wo sie unter Wasser geräuschlos und nahezu rauchlos entweichen. Die Schraube ist aus gehärtetem Stahl, die Flügel sind messerscharf. Die Kraftübertragung erfolgt über 2 Kettenräder vom Motor auf die Schraube durch die, auch hier durch Führungsrohre vollkommen geschützte und leicht nachstellbare Kette. Zündkerze und Zündkabel sind in Gummi wasserdicht eingekleidet. Die Steuerung kann durch eine am Benzintank angebrachte Pinne oder durch ein Steuerleine erfolgen.

Außer diesen bekannten, leichten Einzylinder-Bootsmotoren, wovon schon große Serien im Bau sind, stellen die Z.M.W. auch noch einen stärkeren Z w e i z y l i n d e r m o t o r her, der gleichfalls eine beachtliche Erscheinung auf dem Gebiete des Kleinbootsmotorenbaues bedeuten dürfte. Ist doch das Gewicht des 12 PS-Motors mit nur 25 kg als außerordentlich gering zu bezeichnen, und es spielt dies, gerade

Typen moderner Boots-Motoren

für die hier in Betracht kommenden Boote, eine Rolle von erheblicher Bedeutung.

Die Maschine ist ein Zweizylinder-Zweitaktmotor mit 2 gegenüberliegenden Zylindern und um 180° versetzter Kurbelwelle. Die Zündung erfolgt durch spritzwasserdichten hochliegenden Schwungradzündapparat, zu gleicher Zeit in beiden Zylindern, daher vollkommener Massenausgleich, wodurch Fundamente und Bootskörper leicht gehalten werden können. Der Motor besitzt ein angeflanschtes Untersetzungsgetriebe 1:2,4 mit eingebautem Drucklager und geeignet für Wendeschraube. Normale Tourenzahl an der Untersetzung n = 1200—1330.

Der Motor wird in zwei Typen hergestellt:

Modell	Bohrung	Hub	Hubvolumen	Normalleistung	Höchstleistung	Steuer PS.
I	59 mm	64 mm	349 ccm	ca. 8 PS.	ca. 10 PS.	2,0
II	64 mm	64 mm	412 ccm	ca. 10 PS.	ca. 12 PS.	2,36

Die oben angegebenen Dauerleistungen werden jeweils bei Verwendung eines Vergasers mit einem gemeinsamen Ansaugrohr erreicht. Für Höchstleistungs- und Rennzwecke werden 2 Vergaser angebracht, wobei der Motor bei Oeffnung des einen Vergasers Normalleistung abgibt, während bei Zuschaltung des zweiten Vergasers sofort Höchstleistung eintreten wird.

Die Zylinder sind wassergekühlt aus Spezialgrauguß mit 2 allseitig passenden Anschlußstutzen ½" bzw. 1" und 4 Blindverschraubungen. Die Kolben sind aus einer Aluminium-Spezialegierung gefertigt. Eine eigene Wasserzirkulationspumpe ist nicht notwendig, da durch die niedere Bauhöhe des Motors, dieser im Bootskörper so gelagert werden kann, daß das Wasser durch die Fahrtgeschwindigkeit unter Verwendung von geeigneten Saugnäpfen zuverlässig durch die Zylinder gespült wird. Der Brennstoffverbrauch beträgt ca. 400 gr pro PS/Std., wobei ein Benzinölgemisch im Verhältnis 1:10 zur Verwendung gelangt. Die Auspuffanlage mit Aluminiumexpansionstöpfen und gemeinsamem Schalldämpfer ist leicht in jedem Boote anzubringen.

Schlußwort.

Wenn man die Entwicklung der Motorenindustrie aufmerksam verfolgt, wird man sich der Erkenntnis nicht verschließen können, daß hier gerade jetzt ein Zeitpunkt erreicht ist, der von besonderer Bedeutung auch für den Bootsmotor sein muß. Es sind vor allen Dingen drei Faktoren, die in der letzten Zeit in immer stärkerem Maße sich als leitend für den Konstrukteur erwiesen haben: Die L e i s t u n g s - s t e i g e r u n g d u r c h E r h ö h u n g d e r K o l b e n g e s c h w i n - d i g k e i t (also der Umlaufszahlen), unter starker Verwendung hochwertiger Leichtmetalle, — die, dem „künstlichen Zuge" der Dampfmaschine entsprechende V e r w e n d u n g v o n K o m p r e s s o r e n und das Bestreben, d i e S c h w e r ö l e v ö l l i g a n d i e S t e l l e d e s B e n z i n s u n d s e i n e r V e r w a n d t e n z u s e t z e n.

Wenn sich die letztere Bewegung auch vielleicht noch nicht — wenn der Ausdruck gestattet ist — offiziell bemerkbar gemacht hat, so muß sie doch unstreitig als vorhanden gelten, wenn man berücksichtigt, daß der Rohöl-Lastwagenmotor bereits existiert, und was die Zukunfts-Aus- und Absichten angeht, so sei in dieser Hinsicht nur auf die beachtlichen Ausführungen hingewiesen, die vor kurzem Ziv.-Ing. L. H a u s f e l d e r in der „Automobil- und Flugtechnischen Gesellschaft" gemacht hat:

„Es besteht", heißt es da u. a. „heut wohl kaum noch ein Zweifel, daß selbst die Schaffung eines l e i c h t e n L u f t f a h r t - D i e s e l - m o t o r s durchaus innerhalb des Bereiches der technischen Möglichkeiten liegt. So ist nach amerikanischen Mitteilungen dort ein kompressorloser Zweitakt-Zweizylinder-Motor hergestellt worden, der bei 1800 Umdrehungen ca. 125 PS. leistet und das bemerkenswerte geringe Gewicht von 1,58 kg pro PS. besitzt. Der Motor ist mit einem Kreiselgebläse zur Erzeugung der Spülluft ausgerüstet. S o f e r n d i e z u r Z e i t m i t d i e s e m M o t o r a n g e s t e l l t e n V e r s u c h e g ü n - s t i g e R e s u l t a t e e r g e b e n, d ü r f t e d i e a l l g e m e i n e V e r w e n d u n g v o n S c h w e r ö l m o t o r e n f ü r d i e Z w e c k e d e s L u f t v e r k e h r s n u r n o c h e i n e F r a g e d e r Z e i t s e i n. Der geringe Brennstoffverbrauch des Dieselmotors erhöht den Aktionsradius eines Luftfahrzeuges sehr wesentlich, während die geringeren Betriebskosten die Wirtschaftlichkeit steigern. Vor allem aber würde die Möglichkeit der Verwendung schwerentzündlicher Treiböle den Sicherheitsfaktor von Flugzeugen und Luftschiffen erheblich günstiger gestalten." —

Daneben ist nicht zu übersehen, daß auch Bestrebungen im Gange sind, den bisherigen Leichtölmotoren durch Ausrüstung mit entsprechend gestalteten Vergasern die Verwendung schwerer Oele zu ermöglichen, wie denn überhaupt die Fortschritte der Vergaserindustrie selbst von den unmittelbaren Interessenten kaum immer so gewürdigt worden sind, wie sie es fraglos verdienen.

Die jüngere Generation der Motorfahrer kann sich kaum noch vorstellen, daß es eine Zeit gegeben hat, in der selbst bei Verwendung besten und hochwertigsten Benzins der Motor oft genug zu versagen drohte und auch wirklich versagte, wenn dem Vergaser das herrschende Wetter nicht paßte, u. a. m. — Im besonderen forderte man damals für die meisten Bootsmotoren reinstes Benzin, weil sie nach Ansicht vieler Fahrer allzu „gut gekühlt" würden.

Es dürfte von Interesse für die Leser sein, wenn wir hier kurz die Vorträge der letzten Tagung des Benzol-Verbandes wiedergeben, die auch dem älteren Praktiker manches Neue und Interessante bieten dürften.

Wir sind an anderer Stelle kurz auf den sogenannten Wärmewert der verschiedenen Brennstoffe eingegangen. Die neuere Forschung hat nun, wie der bekannte Fachmann auf diesem Gebiet, Herr W. Ostwald ausführlich vorlegte, ergeben, daß der absolute Wert eines Brennstoffes keineswegs ausschließlich in diesem Wärmewert liege. — Von wesentlicher Bedeutung sind nächstdem noch die Reinheit, die Flüchtigkeit und der Verbrennungscharakter. Der Flüchtigkeit maß man früher ausschlaggebende Bedeutung zu. Solange man nur bestimmte Benzinsorten kannte, war es auch richtig, sich nach dem spezifischen Gewicht zu richten, weil damit die Flüchtigkeit ungefähr gleich verlief. Nun hat sich aber durch die verschiedensten Entwicklungen ergeben, daß heute die Benzine von ganz anderer Zusammensetzung sind, und daher nicht mehr ohne weiteres vom Gewicht auf die Flüchtigkeit geschlossen werden kann. Die Flüchtigkeit, die heute um mehr als das Doppelte gegenüber früher verschlechtert worden ist, spielt eine geringere Rolle als der Durchschnittswert, bei dem die einzelnen Anteile sieden. Da besonders Benzine aus verschiedenen Anteilen bestehen, so siedet ein Teil schon

Schlußwort

bei niedrigen Temperaturen, während ein anderer Teil erst bei sehr hohen Temperaturen übergeht. Besonders unangenehm sind die hohen Anteile.

Beim Benzol sieht es anders aus. Das reine Benzol ist kein Gemisch, sondern ein einheitliches Gebilde und siedet in einer Temperaturhöhe von 90 Grad. Den Durchschnittswert gibt man als Kennziffer für einen Brennstoff an. Er würde also bei reinem Benzol am günstigsten sein, wenn nicht noch andere Momente mitsprächen. Man ist gezwungen, dem Reinbenzol noch schwerer siedende Anteile der Benzolreihe zuzusetzen, um einen günstigeren Verbrennungscharakter zu erhalten. Trotzdem liegen die Benzolwerte wesentlich unter den heutigen Benzinwerten. —

Eine einwandfreie Vergasung wirklicher Schweröle ist nun freilich auch den heutigen Normalvergasern nicht möglich. Man ist hier auf den Weg angewiesen, den man vom Petroleummotor her kennt, d. h. es ist erforderlich, dem Brennstoff Wärme zuzuführen, und es hat sich ergeben, daß dies am besten geschieht, wenn ihm schon vorher Luft beigemischt wird. Es geschieht dies in einer sogenannten Vormischstelle, an welcher der Brennstoff durch den Lochkranz eines Rohres gesogen wird und sich auf diese Weise mit Luft vermischt. Das Gemisch gelangt dann in eine besondere Heizkammer, die durch das heiße Kühlwasser des Motors erwärmt wird. Hierdurch wird die Spannung des Schaumgemisches erhöht, da die leichteren Bestandteile des Brennstoffes unter der Einwirkung der Wärme zu verdampfen beginnen. Aus der Heizkammer tritt das Gemisch dann mit größerer Geschwindigkeit in den Hauptluftstrom, der es ganz vergast, da auch die Wandungen des Vergaser-Saugkanals beheizt sind. Die Graetzin-Gesellschaft, welche vor allem derartige Vergaser durchgebildet hat, führt zwei verschiedene Typen aus, und zwar den einfachen Heizmantelvergaser zur Bearbeitung von Mischungen aus mittelschweren und leichten Brennstoffen und den Doppel-Vergaser für reine, schwere Brennstoffe. Beide Arten haben ein direkt im Ansaugeweg liegendes Umsteuerorgan, so daß man dem Motor ohne weiteres auch leichte Brennstoffe zuführen kann, was zum Anlassen und bei häufigem Manövrieren erforderlich ist. Abgesehen von der Anordnung des Heizmantels und des zweiten Schwimmertanks weicht der einfache Vergaser für Mischöl von den normalen Vergasern nicht ab. Er arbeitet einwandfrei mit solchen Brennstoffen, die genügend leichte Bestandteile enthalten, so daß auch bei niedriger Umdrehungszahl oder nach kurzem Halten eine für einwandfreie Zündung genügende Vergasung erfolgt. Allerdings bleibt bei dem heutigen Stande dieser Konstruktion noch der Nachteil übrig, daß man, wie schon angedeutet, den Schwerölbetrieb nur einschalten kann, wenn der Motor angelaufen ist und regelmäßige Arbeit leistet. Es ergibt sich daraus die Notwendigkeit, mindestens ein kleineres Quantum leichteren Brennstoffes neben dem Schwerölvorrat mitzuführen, was natürlich bedeutet, daß das hier gegebene Problem noch keineswegs restlos gelöst scheint. Immerhin haben eingehende Versuche im Dauerbetrieb eine Ersparnis von ca. 30—40 % ergeben, was bei einer stärkeren Maschine um so lohnender erscheint als der Apparat selbst einfach und stabil ist und auch nachträglich eingebaut werden kann.

Im übrigen ist natürlich auch hier noch keinesfalls bereits das letzte Wort gesprochen, was u. a. auch aus der Tatsache hervorgeht, daß man, wie es heißt, weiter auf dem besten Wege ist, auch die schlechten Eigenschaften des Spiritus zu paralysieren, und man darf alles in allem also wohl annehmen, daß auf diesem Gebiet noch eine ganze Menge von der nächsten Zukunft zu erwarten ist. Eine, für uns in sofern besonders bedeutsame Hoffnung, als sie die weitere in sich trägt, uns im Brennstoffverbrauch völlig unabhängig vom Auslande zu machen. — —

*   *   *

Der Kompressor entspricht, wie schon gesagt, ziemlich genau dem „künstlichen Zug", den man bei Dampfmaschinen anwendet, wenn zeitweise besonders hohe Leistungen gefordert werden müssen.

Die Daimler-Motoren-Gesellschaft war wohl die erste Kraftwagenfirma, die Personenkraftwagen mit Gebläse serienmäßig hergestellt und auf den Markt gebracht hat, und hierdurch ist dem allgemeinen Publikum der sogenannte Kompressormotor erst bekannt geworden.

Patentrechtlich war er schon früher bekannt, jedoch war vor dem Kriege weder das Bedürfnis, noch infolgedessen das Interesse und das Verständnis für die Bedeutung dieser Einrichtung vorhanden. Wie dies nicht selten mit Erfindungen der Fall ist, welche vor der Zeit ihrer unmittelbaren Notwendigkeit auf der Bildfläche erscheinen. Aus diesem Grunde wurde wohl auch im Jahre 1910 ein Kompressormotor mit Turbo-Kompressor, der speziell für Flugzeugwerke geeignet war, von unserer großen Flugzeugindustrie abgelehnt. Erst gegen Kriegsende wurde das Prinzip von den Konstrukteuren anerkannt und speziell in Frankreich durch Rateau angewandt, trotzdem eine frühere

Anwendung für Kriegszwecke sich sicher als sehr lohnend erwiesen hätte. Die nun am Kriegsende gemachten Versuche ergaben durchgängig gute Resultate und ließen die Idee entstehen, dies Prinzip auch auf Automobil-Motoren anzuwenden, und zwar vorerst auf Rennmotoren. Der Zweck bei der Anwendung auf Flugmotoren ist, die Leistung in großen Flughöhen, d. h. bei starker Verdünnung der Luft, ebenso groß zu halten als auf der Erde, während beim Automobilbau der Motor eine höhere Leistung und somit speziell der Rennwagen eine größere Geschwindigkeit erhalten soll. Die durch Versuche erwiesene größere Beschleunigung des Wagens mit Kompressormotor ließ es als zweckmäßig erscheinen, dieses Prinzip nun auch auf die Serienwagen anzuwenden, wobei im allgemeinen der Kompressor nur bei Bedarf in Tätigkeit tritt.

Es gibt, um dies kurz zu erwähnen, verschiedene Kompressorkonstruktionen, von denen jedoch im wesentlichen nur drei für die Praxis des Motorenbaues in Betracht kommen. **Für den normalen Bootsmotor dürfte sich die Anwendung derartiger Vorrichtungen erübrigen**, da kaum ein Bedarf hierfür vorliegt. Uebrigens ist auch der künstliche Zug bei Bordmaschinen eine Angelegenheit der Kriegsschiffe, um, etwa für den Angriff, eine außergewöhnlich hohe Geschwindigkeitsreserve zur Verfügung zu haben.

Immerhin ist das Ganze natürlich im wesentlichen eine Geldfrage für den Bootseigner, denn die Inanspruchnahme dieser Fahrtreserve kostet Brennstoff und damit Geld. Wer sich damit abfinden will, braucht gerade dem Kompresser auch im Boot kaum aus dem Wege zu gehen, zumal der Raumbedarf, der an Bord allerdings stets eine sehr wesentliche Rolle spielt, bei den meisten Konstruktionen sehr bescheiden ist.

In keinem Fall kann jedoch der Bootsmotor den Wegen folgen, die Leistungssteigerung durch hohe Drehzahlen zu erreichen suchen.

Gewiß hat die Schiffahrt in der letzten Zeit gelernt, sich auch mit sehr hohen Drehzahlen der Antriebsmaschinen abzufinden, und kommt, nachdem es gelungen ist, unbedingt zuverlässige und, dank der Diamanthärte des Materials praktisch auch unverwüstliche Untersetzungsgetriebe zu schaffen, an sich mit jeder Umdrehungsgeschwindigkeit aus. Auch ohne aber erneut auf die schon an anderer Stelle erwähnte und gekennzeichnete Tatsache einzugehen, daß im normalen Gebrauchsboot der Motor unter wesentlich anderen Bedingungen arbeitet als im Wagen, muß doch darauf hingewiesen werden, daß ein

Schlußwort

solches Untersetzungsgetriebe selbstverständlich eine Verteuerung in der Anschaffung und im Betriebe darstellt. Wenn es in der Großschiffahrt bei Verwendung von Turbinenmaschinen trotzdem zur Anwendung kommt, so geschieht dies, weil unter bestimmten Verhältnissen die Vorzüge der Turbine immer noch überwiegen, von einer Kupplung mit einer Motorenanlage in kleineren Booten und Yachten wird man das aber nur sehr selten sagen können.

Schärfer als je tritt also die Forderung nach dem vollkommen selbständig zu entwickelnden B o o t s - Motor zutage, und es ist daher für uns von ganz besonderer Wichtigkeit, die amerikanische Industrie auf diesem Gebiet kennen zu lernen, die auch hier mit außerordentlich günstigen Verhältnissen rechnet und — wie schon kurz erwähnt — das auch mit bekanntem Geschick zu nützen weiß.

Auf der Motorboot-Ausstellung 1925 wurden n o c h c a. 2 0 0 M o t o r e n t y p e n gezeigt, von denen nach einer vorliegenden Statistik

    12 % mit w e n i g e r a l s 550 M i n. U m d r e h u n g e n
    32 % „ bis zu   1000 „   „
    28 % „ „ „   2000 „   „   und nur
      9 % „ über   2000 „   „
liefen.

Der stärkste vorhandene Motor war ein 12 Zylinder (in V-Form angeordnet) Wright-Motor mit 600 PS., im wesentlichen eine Rennboot- und Expreßkreuzer-Maschine, die nur etwa 1,5 kg pro PS. wiegt, an Leichtigkeit also nur noch von Flugzeugmotoren unterboten wird.

Nicht ohne Interesse ist, daß 25 % a l l e r M o t o r e n Z w e i t a k t e r waren, wobei allerdings die große Zahl der Außenbord-Motoren wesentlich dazu beitrug, diesen Prozentsatz zu erreichen. Immerhin ist nicht zu verkennen, daß auch bei uns die Zahl der Freunde des Zweitakter in allerletzter Zeit zu wachsen scheint. So äußerte sich der schon vorher zitierte Ziv.-Ing. H a u s f e l d e r bei der gleichen Gelegenheit doch dahin, daß w a h r s c h e i n l i c h d i e Z u k u n f t d e s D i e s e l m o t o r s d e m Z w e i t a k t v e r f a h r e n gehöre. Bei höheren Drehzahlen werde man die Nachteile der Kurbelgehäusespülpumpe (Unterteilung des Kurbelgehäuses, sorgfältige Abdichtung der Kurbelwellen) zu vermeiden suchen, indem man eine besondere Spülpumpe, am besten ein Kreisel- oder Kapselgebläse anordnet. Wählt man eine 3-Zylinder-Anordnung, so erhält man einen gut ausgeglichenen, von Maßkräften und Kippmomenten freien Motor, der ohne jeden Steuerungsmechanismus ein glattes ästhetisch befriedigendes Bild ergibt. Auch die Benutzung des U-förmigen Verbrennungsraumes, der besonders bei kleinen, luftgekühlten Verpuffungsmotoren ausgezeichnete Betriebsergebnisse gezeitigt hat, dürfte in Erwägung zu ziehen sein, um so mehr, da der Doppelkolbenkurbelantrieb sehr günstige kinematische Verhältnisse für die Steuerung der Ein- und Auslaßschlitze gibt. —

Von besonderem Interesse ist angesichts unserer Ausführungen über die Aufgaben des Motorbootsports, die geschrieben wurden, bevor der fragliche Vortrag gehalten war, wenn Hausfelder weiter sagt:

„Wahrscheinlich wäre die Entwicklung des Fahrzeug-Dieselmotors schon weiter fortgeschritten, wenn nicht weite Kreise der Automobil-Industrie diesem neuen Gebiete teils interesselos, teils skeptisch gegenüberstünden. Es ist aber daran zu erinnern, daß angesichts des großen Interesses, welches nicht nur im Inlande, sondern auch in Osteuropa und in den Vereinigten Staaten von Nordamerika für die Verwendung unraffinierter Erdöle im Kraftwagenbetrieb besteht, die Möglichkeit einer Ausfuhr von mit Dieselmotoren ausgerüsteten Nutzkraftfahrzeugen sich in einer starken Belebung des gesamten, zurzeit schwer darniederliegenden Ausfuhrgeschäftes äußern könnte.

Aber auch aus anderen Gründen ist die Automobilindustrie besonders berufen, die weitere Entwicklung des Dieselmotors zu fördern, nachdem bisher fast ausschließlich Motorenfabriken und lediglich zu diesem Zwecke gegründete Studiengesellschaften die grundlegende Pionierarbeit geleistet haben. Sie ist hierzu um so mehr in der Lage, als sie von jeher ihre Erfolge weniger großzügiger Forschungstätigkeit, als vielmehr liebevoller und eingehender Vertiefung in konstruktive Einzelfragen verdankt und außerdem die Entwicklung des Diesel-Fahrzeug-Motors in ihrem augenblicklichen Stadium eine solche verständnisvolle Arbeit nicht entbehren kann. Nachdem der aus dem Großdieselbau stammende Konstrukteur den betriebsfähigen Motor geschaffen hat, muß es Sache des Automobilbaues sein, die betriebsbrauchbare und verkaufsreiche Serienmaschine herzustellen."

Man kann bei der Nutzanwendung dieser Darlegungen auf unser Sondergebiet die Forderungen nicht viel schärfer unterstreichen, die sich hieraus für den Motorbootsport ergeben und die wir früher formuliert haben. Es ist auch mehr als kurzsichtig, wenn man immer hervorhebt, daß der deutsche Motorbootsport bei allem nur verhältnismäßig klein sei. Es würde daraus für die Industrie nur um so nachdrücklicher zu fordern sein, ihn weniger als Ding an sich, wie als Mittel zum Zweck zu werden und alle Mittel anzuwenden, ihn auf die

Schlußwort

richtigen Bahnen zu leiten. Der G e b r a u c h s - Bootsmotor hat ein Feld von außerordentlicher Ausdehnung vor sich, ist ein Exportartikel von gar nicht hoch genug anzuschlagender Bedeutung, und — — er kann auch, wie schon gesagt, dem Sport selbst viel mehr geben, als viele heut glauben.

In die Zeit des Abschlusses dieses Buches fällt die Eröffnung der, erfreulicherweise anscheinend zu einer ständigen Einrichtung gewordenen Potsdamer Wassersport-Ausstellung, der AWA, und sie zeigt — neben guten Einzelheiten — mit beachtenswerter Deutlichkeit, ebenfalls was auf diesem Gebiet zu tun bleibt.

„Wenn man", so heißt es in der Besprechung eines Sportblattes, „einen Vergleich mit der vorjährigen Ausstellung zieht, fällt zunächst auf, daß die verschiedenen Werke mit nur ganz vereinzelten Ausnahmen ihre Stände erheblich verkleinert haben. Es mag dies den veränderten wirtschaftlichen Verhältnissen entsprechen, aber man versteht es trotzalledem nicht, wenn ein auf dem Gebiet der Bootsmotoren führendes Werk sich darauf beschränkt, auf einem fremden Stand als Gast unterzukriechen. Selbst wenn, wie hier als Entschuldigung vorgeschützt wurde, Neukonstruktionen inzwischen nicht herausgekommen sind, dürfte solche Zurückhaltung unangebracht sein."

Auch wenn man die, an sich bei uns begreifliche Ausstellungsmüdigkeit in Rechnung stellt, der im übrigen ja zu begegnen wäre, ist diese Kritik nur Wort für Wort zu unterstreichen, zumal, wie schon an anderer Stelle angedeutet, dies alles nur Zeichen sind, daß die Lage bei uns ebenso verkannt wird, wie Wert und Bedeutung wirklich ernsthafter Propaganda. Es ist nichts damit getan und entspricht auch weder der Würde, noch auf die Dauer dem Interesse der Industrie, wenn dann nachher die „Invasion des Auslandes" einfach damit bekämpft werden soll, daß man von der Fachpresse verlangt, alles Ausländische in Bausch und Bogen schlecht zu machen und daneben an den Patriotismus zu appellieren. — Die deutsche Bootsmotoren-Industrie kann sich auf Leistungen stützen, die denen des Auslandes durchaus ebenbürtig sind, s i e m u ß s i e a b e r z e i g e n , u n d s i e k a n n d i e s a u c h — trotz der Ungunst der Zeit — w e n n s i e d e n S p o r t z u n u t z e n l e r n t ! —

Von hier nicht aufgeführten Motoren-Typen seien schließlich als auf der AWA gut vertreten noch M a y b a c h , B r e u e r und der „F. Z."- A u ß e n b o r d m o t o r der Andree-Hauschild-A.-G., der in Stärken von 1,5—2,5 und 4 PS. hergestellt wird und jetzt auch als Einbaumotor erschienen ist.

Schlußwort

Maybach zeigt 2 Typen vom gleichen Modell seines bekannten 60 PS.-Motors, den einen mit, den anderen ohne Untersetzung. In Betrieb zu studieren ist die Maschine in den bekannten Lürssenschen Autobooten, die eine Geschwindigkeit von 40 km stündlich erreichen und sehr gelungene Vertreter ihrer Art darstellen.

Das Höchster-Werk der Firma Breuer arbeitet seit Jahrzehnten an der Vervollkommnung ihrer Bootsmotoren-Typen. Auf der Ausstellung geben drei Maschinen von 12/16, 20/26 und 40 PS. mit Wendegetriebe und eine Anzahl Zubehörteile einen Ueberblick über die modernsten Konstruktionen. Neu ist außerdem der kleine Einbaumotor, ein Zweitakter mit zwei gegenüberliegenden Zylindern, bei denen Bohrung und Hub mit 68 Millimetern gleich sind. Nach der Steuerformel würde der Motor 1,89 PS. leisten, an der Bremse variiert seine Leistung von 3,7 PS. bei 1200 bis 8,8 PS. bei 3400 Turen. Das Gehäuse besteht aus Aluminium und ist mit Rippen für Oelkühlung versehen, die Zylinder aus Stahlguß sind ungeteilt und haben obenstehende, reichlich dimensionierte Ventile, die Leichtmetallkolben arbeiten gegenläufig auf die Kurbelwelle, deren Kurbelzapfen um 180° versetzt sind. Bei einer Breite von 525, einer Tiefe von 300 und einer Höhe von 420 Millimetern beansprucht die Motoranlage nur einen geringen Platz.

Sach-Register

A.
	Seite
Amerikanische Motoren (s. a. Kermath, Roberts usw.)	109
Atos-Motor	54
Aufholbare Schraube	38, 52
Außenbord-Motoren (s. a. Elto)	50
Autonapht	15

B.
Bayernmotor	58
Benzin	14
Benz-Motor s. Motorenwerke Mannheim	
Benzol	14, 106
Betriebsstörungen	46
Bohn u. Kähler s. „Bub"-Motor	
Bolinder-Motor	60
Brennstoff-Behälter	26
Brennstoff-Leitungen	26
Brennstoff-Preise	16
Brennstoff-Verbrauch	16
Brennstoff-Wertung, neue	105
Breuer-Motor	112
Bub-Motor	63

C.
Caille-Motor	51
Cudell-Motor	50

D.
Daimler-Motor	68
Daimler-Wendegetriebe	72
Daimler-Gewichtsregler	70
Deutsche Werke, A.-G., Kiel	73
Deutzer Motor	76
D.K.W.-Motor, s. Zschopauer Motoren-Werke	

	Seite
Doppel-Vergaser	106
Dreiflügelschraube s. Propeller	
Düse, Verstopfung der	47

E.
Elektrischer Schrauben-Antrieb	39
Elto-Motor	51, 83
Erdöl	15
Ergin	15
Explosion in Auspuffleitung	46

F.
Federband-Kupplung s. Kupplung	
Fehlzündungen	44
Feuersicherheit	45
Fischerboot mit Hilfsmotor	19
Fliehkraft-Regler	101
Frühzündungen	46
Fundamentträger	25
„F.Z."-Außenbordmotor	111

G.
Gas-Motor	8
Gas-Oel	15
Gas-Turbine	14
Gebläse-Motoren s. Kompressoren	
Generator-Gas-Motor s. Sauggas	
Gichtgas	8
Glühkopf-Motor s. Bolinder	

H.
Hub	9, 10

K.
Kalorie	14
Kermath-Motor	86
Kerosin	14

Meville, Moderne Kleinschiff- und Bootsmotoren

Sach-Register

Kerze, Versagen der, s. Zündungsstörungen
Klopfen des Motors 43
Kolben, Festfressen der 47
Kolben, Ringe undicht 47
Kompressor 107
Konus-Kupplung s. Kupplung
Kühlungsstörungen 47
Kupplung 32
Kurzschluß s. Zündungsstörungen

L.
Lamellen-Kupplung s. Kupplung
Leichtöl-Motor 8
Leichter Dieselmotor 104
Leuchtgas 8

M.
Magnetmotoren 94
M.A.N.-Motor 88
Maschinenraum 28
Maybach-Motor 111
Motorenwerke Mannheim 90
Motoreinbau 25
Motorbootsport 18

N.
Niederdruck-Motor s. Bolinder

O.
Oelfeuerung 16
Oelung s. Störungen u. Abschn.
Motorentypen

P.
Paraffin 14
Petroleum 14
Pflege des Motors 41
Propeller 29

Q.
Qualmen des Motors 47

R.
Raumbedarf des Motors 19
Rennboot 19
Roberts-Motor 95

S.
Saug-Gas 8
Schachtmotor 52
Schmierung des Motors 42
Schornstein 28
Schraube s. Propeller
Schweröl-Motoren 9
Schweröl-Vergaser 106
Schwingender Bootsantrieb 39
Segelschraube 36
Siemens-Motor 96
Siemens-Zündung 98
Spannring-Kupplung s. Kupplung
Störungen 43, 46
Stoßen des Motors 47

T.
Tank s. Brennstoff-Behälter
Teeröl 15

U.
Umsteuer-Schraube 36, 38, 39

V.
Verbrennungs-Charakter der
Brennstoffe 105
Vergaser, Motor 9
Vergaser, neue 106
Viertakt 9, 10

W.
Wärme-Einheit s. Kalorie
Wärmekraftmaschine 8
Warmwerden d. Motors s. Störungen
Wärme-Wertung, neue 105
Wellen-Leistung, W. P. S. 30
Wende-Getriebe 32, 35, 36
Wirkungsgrad der Schraube ... 30

Z.
„Z"-Motor s. Zschopauer Motorenwerke
Zschopauer Motoren-Werke 101
Zündungsstörungen 47
Zweitakt 9, 10
Zylinderzahl 9

DAIMLER
BOOTSMOTOREN

DAIMLER·MOTOREN·GESELLSCHAFT
BERLIN - MARIENFELDE

„Z"-Bootsmotoren
für Innenboot und Außenbord
mit **DKW-Motor** 175 ccm, 1,00 Steuer-PS, ca. 4 Brems-Ps.

Mehrfach geschützte, neuartige Konstruktion!
Aeußerst leistungsfähig und zweckmäßig!   Höchste Betriebssicherheit!
Einfachste Inbetriebsetzung und Wartung!
Gewicht nur ca. 22 kg!   Geringster Raumbedarf!
Das Ideal der Wassersportler!   Unentbehrlich für Schiffer und Fischer!
Für jedes Wasserfahrzeug bestens geeignet!

D. R. P. a.   D. R. G. M.

Leichtes Ein- und Aushängen
besonders des nur ca 3 kg schweren Propellergehäuses beim Innenbootsmotor, als des einzigen wasserverdrängenden und fahrtbremsenden Teils.

D. R. P. a.
D. R. G. M.

— **Automatische und zuverlässige Kühlung!** —

Ableitung der Auspuffgase:
Beim Außenbordmotor unter Wasser, beim Innenbootsmotor durch reichlich dimensionierten Expansions- und Auspufftopf.
Untersetzter Schraubenantrieb, daher hoher Wirkungsgrad der vortrefflichen Stahlschraube.
Günstige Ersatzteilebeschaffungsmöglichkeit durch überall vorhandene DKW-Hilfsstellen und Vertretungen.

Kassapreis Mk. **395.**— ab Werk.   Günstige Ratenbedingungen!

ZSCHOPAUER MOTORENWERKE
J. S. RASMUSSEN A.-G., ZSCHOPAU i. Sa.

Soeben erschien:

Die Bildtelegraphie
(einschließlich des elektrischen Fernsehens)

Von

Dipl.-Ing. Gerhard Fuchs

Mit 35 Abbildungen

Preis ungebunden M. 6.—
in Ganzleinenband M. 7.50

Das Problem der telegraphischen Uebertragung von Bildern über Leitungen und auf drahtlosem Wege dürfte eines der interessantesten Probleme der Gegenwart sein. Die Möglichkeit, Photographien auf große Entfernungen in wenigen Minuten zu übertragen, ist eine Errungenschaft der letzten 20 Jahre, und wir stehen am Vorabend des elektrischen Fernsehens.

Die neuesten Erfindungen haben bereits in dem Buche entsprechende Würdigung gefunden.

Verlag von Georg Siemens, Kurfürstenstraße 8

Technische Bücher

aus dem Verlage von

Georg Siemens, Berlin W 57
Kurfürstenstraße 8

Die Kleinmotoren und die damit verwandten Großmotoren, ihre wirtschaftliche Bedeutung für Gewerbe und Landwirtschaft, ihre Konstruktion und Kosten. Allgemeinverständlich dargestellt von E. Claußen, Regierungsbaumeister und Gewerberat. **5. der Neuzeit entsprechend umgearbeitete Auflage.** Mit 156 Abbildungen im Text. Preis M. 4.—.

Von langen theoretischen Abhandlungen, welche die Verständlichkeit erschweren würden, ist vollkommen abgesehen worden. Jeder Handwerksmeister oder Betriebsleiter, der vor der Frage der Neuanschaffung einer Kraftmaschine steht, sollte nicht versäumen, vorher diese Schrift durchzulesen und sie als Ratgeber ständig in Anspruch zu nehmen, da der kleine Anschaffungspreis sich hundertfach bezahlt macht.

Die Funktelegraphie einschließlich des drahtlosen Fernsprechens (Radio) in allgemeinverständlicher Darstellung. Von C. W. Kollatz. 5. erweiterte Auflage. Mit 65 Abb. Preis M. 4.—.

Der Verfasser entwirft mit großer Sachkenntnis und in anregender Form ein interessantes Bild der technischen Entwicklung des neuen Nachrichtenmittels. Besonders eingehend werden die neuesten und aussichtsreichsten Errungenschaften der Funktelegraphie an der Hand einfacher und leichtverständlicher Stromlaufzeichnungen erläutert. Daß in **vier Jahren fünf starke Auflagen** erscheinen konnten, ist der beste Beweis für die Brauchbarkeit des Buches.

Rundfunk für Alle. Wirkungsweise, Geräte und Schaltungen des Unterhaltungsrundfunks, allgemeinverständlich dargestellt. Von C. W. Kollatz. 3. erweiterte Auflage. Mit 49 Abb. und Schaltbildern. Preis M. 2.50.

Dieses Buch ist für Radio-Amateure unentbehrlich. In wenigen Monaten konnten drei starke Auflagen erscheinen. Dies ist der beste Beweis für die große Beliebtheit des Buches.

Technisches Taschenwörterbuch in drei Sprachen, mit besonderer Berücksichtigung der Maschinen-, Kraftwagen-, Luftfahr- und Elektrotechnik einschließlich der drahtlosen Telegraphie. Von W. Isendahl und C. W. Kollatz. 2. Auflage.

I. Teil: Französisch—Deutsch—Englisch. II. Teil: Deutsch—Englisch—Französisch. III. Teil: Englisch—Französisch—Deutsch. Preis eines jeden Teils M. 3.50.

Entstehung und Verhütung des Kesselsteins nach den neuesten wissenschaftlichen Forschungen allgemeinverständlich dargestellt von E. Claußen, Regierungsbaumeister, Gewerberat und Gewerbeinspektor a. D., Hagen i. W. Mit 31 Abbildungen. Vierte veränderte und vermehrte Auflage. Preis Mk. 2.—.

Diese Schrift ist außerordentlich wichtig für jeden Dampfkesselbesitzer, Betriebsingenieur, Betriebswerkmeister, Ingenieur und Techniker. Die Aufklärungen in dem Buche schützen den Kesselbesitzer vor großen Verlusten.

Kermath - Marine - Motoren

1–6 Zyl.
3–100 PS.

Ein KERMATH verläßt Sie nie!

Kermath-Manufacturing Co., Detroit

Generalvertreter für Deutschland:

Gebr. Bruns, Inh. Dr.-Ing. Hans Bruns, **Berlin SW 48**
Friedrichstr. 238   Fernspr. Hasenheide 5112 u. 5113

ELTO-Aussenbord-motoren

Evinrude's neueste Typen
3 u. 4 PS. 2 Zyl. Gewicht nur 20 kg.

Der anerkannt beste und schönste Motor.

Elto Aussenbord Motor Co.
Milwaukee

Generalvertreter für Deutschland:

Gebr. Bruns
Inh. Dr.-Ing. Hans Bruns
Berlin SW 48, Friedrichstr. 238

Fernspr.: Hasenheide 5112, 5113